JN270474

最新脳科学が教える
高校生の勉強法

池谷 裕二著

はじめに

高校の授業についていけなくなる理由

中学生のころまでは、試験の前に一夜漬けでテストに臨む、という無謀な作戦で何とかなっても、高校生になったころから、それまでのような丸暗記作戦では通用しなくなって、だんだん授業について行けなくなったという人が急に増えてきます。

皆さんは、その原因を高校の履修科目の内容が中学よりも難しくなることや分量が多くなることに押しつけて、仕方がないとあきらめていると思います。また、文部科学省もこの現状に気づき、必修単元をどんどん削減してその解決を図ろうとしています。

しかし最新の脳科学によれば、そのどちらも間違っていることが分かりました。人間の脳力は、年齢とともに低下するようにはできていません。そうではなくて、皆さんの年齢の頃がちょうど脳の性質の転換期に相当していて、記憶のパターンや種類が変化するのです。

したがって、高校生になったら、高校生に合った勉強の仕方に変える必要があります。この事実に気づかずに、いつまでも中学生までと同じような勉強法にこだわり続けていると、自分の記憶力に限界を感じるようになります。そういう人に限って、「もう中学生の頃のようには覚えられない」と記憶力の低下を嘆き、まわりの人もみんな、「わたしもそう。仕方がないよ」と慰めあって終わってしまうのです。

現代脳科学の成果によれば、小・中学生までの脳は丸暗記が得意で、意味のない文字や数字の羅列でもキュウカンチョウのように覚えてしまいます。ところが、高校生になったあたりからは、丸暗記よりも論理だった記憶能力が発達してきます。つまり、ものごとをしっかり理解して、その理屈を覚えるという能力です。

ですから、高校生の皆さんは、自分の勉強方法をこれに沿った方針に変えていかなければなりません。もし、この努力を怠ると、もはや効率的な学習はできません。授業についていけなくなって、最悪のケースでは落ちこぼれてしまう可能性もあります。

この本の目的は、高校生の頭脳に適した学習方法を伝授することにあります。勉強方法を変えなければいけないと言われたところで、おそらく皆さんは、大海原に投げ出された小舟同然、路頭に迷ってしまうことでしょう。大洋で目的の島を見つけだすのは大変なことです。この本では、皆さんがいち早く正しい勉強方法を身につけられるよう、そしてまた、貴重な時間をムダにしなくてもすむよう、脳科学の観点から皆さんの年齢に合った勉強法を具体的に伝授します。

ところで、皆さんは、記憶が脳でどのようにして作られ、どこにたくわえられるのかを知っていますか。脳の仕組みを知らずして勉強することは、ルールを知らずして野球の練習に励むようなものです。スポーツは、ルールを理解すればそれだけ効率よく練習できて上達します。

同じように、効率的な勉強方法を見い出すためには、まずは脳のルールをしっかりと理解することです。そして、脳の仕組みに逆らわず、むしろそれをうまく利用して能率的に勉強することが肝心なのです。

本書では、これまで漠然と流布していた「言い伝え」や「迷信」について、最先端の脳科学の裏づけをもってその真偽を厳然と判定していきます。そのためにまず、一般的な記憶の正体を明らかにし、記憶のメカニズムを説明します。そのあとで、高校生の皆さんにとって、中学生まではまったく異なる「記憶力を鍛える方法」についてアドバイスをしたいと思います。

現在の教育改革の指針では「使える知識を身につける」とか「生きる力を養う」などというスローガンが掲げられていますが、言い換えれば、教育の目的および学習の目標は、ものごとの中に共通な法則性を見つけ出して、生活上出くわす新しい場面でそれを上手に応用する能力を身につけることなのです。

それは教室での学習に限りません。上手な勉強の仕方を知っていることは、日常のあらゆる場面で対応の仕方が上達するということなのです。この本では、あえて高校生の勉強法に焦点をしぼりましたが、高校生の脳の構造はもう大人の脳と同じです。つまり、皆さんは、いまや脳の仕組みの面からも、大人の仲間入りを果たしているのです。子供の勉強法が通用しないのはあたり前です。

逆に言えば、この本を通じてこれから皆さんが学ぶノウハウは、高校を卒業したあとも、ずっと使いつづけることができます。皆さんの当面の目標は志望校への合格でしょうが、その後の皆さんの可能性はまさに前途洋々です。その可能性を最大限に発揮して自己実現を図るために、皆さんの長い生涯においてこの本が少しでも役に立てば、私としては望外の幸せです。

二〇〇二年三月　池谷裕二

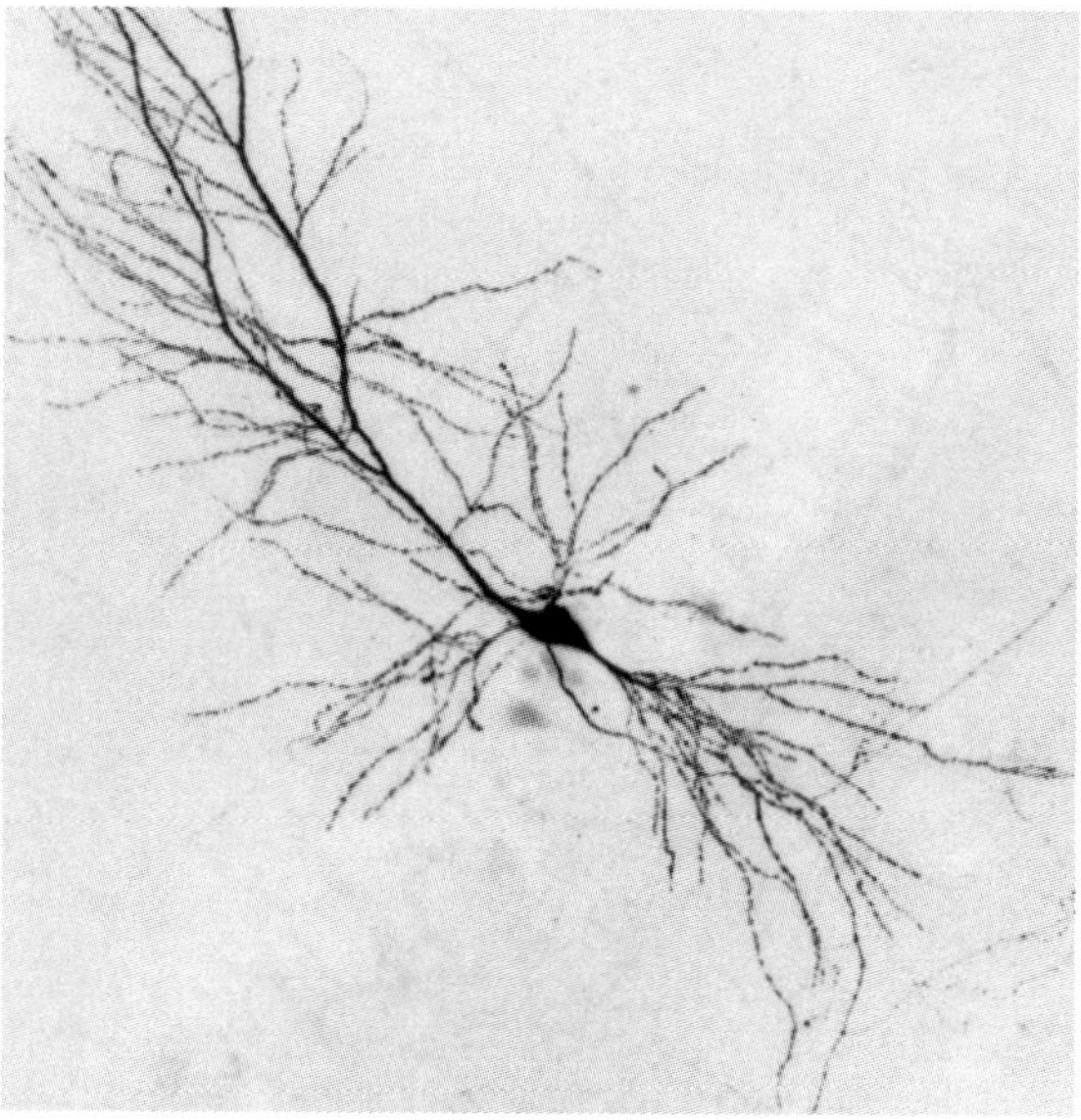

海馬の神経細胞

目次

はじめに　高校の授業についていけなくなる理由……3
第1章　記憶の正体を見る……13
1－1　能力はテストでしか判定できないのか
1－2　神経細胞が作り出す脳
1－3　覚える⇔忘れる
1－4　海馬について知ろう！
1－5　がんばれ海馬！
第2章　脳のうまいダマし方……37
2－1　誰だって忘れる
2－2　よい勉強？　悪い勉強？
2－3　繰り返しの効果
2－4　がむしゃらだけでは報われない
2－5　眠ることも勉強のうち
2－6　夢は学力を養う
第3章　海馬とLTP……69
3－1　なぜ復習が必要なのか
3－2　童心こそ成績向上の栄養素
3－3　思い出という記憶の正体
3－4　感動的学習法

3－5　危機的学習法

第4章　ファジーな脳……89
4－1　記憶の本質
4－2　失敗にめげない前向きな姿勢が大切
4－3　コンピュータと脳の違いとは
4－4　自分の学力を客観的に評価しよう
4－5　記憶はもともと曖昧なもの
4－6　失敗したら後悔ではなく反省をしよう
4－7　長期的な計画をもって勉強しよう
4－8　まずは得意科目を伸ばそう

第5章　天才を作る記憶のしくみ……129
5－1　記憶の方法を変えよう
5－2　想像することが大切
5－3　覚えたことは人に説明してみよう
5－4　声に出して覚えよう
5－5　記憶の種類と年齢の関係を理解しよう
5－6　勉強方法を変えなければいけない時期がある
5－7　方法記憶という魔法の力
5－8　ふくらみのある記憶方法
5－9　なぜ努力の継続が必要なのか

おわりに……184

脳心理学コラム

1 色彩心理学……23
2 モーツァルト効果……28
3 チャンク化……42
4 バイオリズム……59
5 レム睡眠……68
6 情動喚起……88
7 外発的動機……92
8 特恵効果……97
9 作業興奮……109
10 ブドウ糖……113
11 初頭努力・終末努力……117
12 BGM……122
13 恋する脳……134
14 ホムンクルス……149
15 アセチルコリン……182

体験談

1 高1で履修した科目で受験するのは不利?……34
2 究極の英単語暗記法……47
3 個別ビデオ授業 VS 生授業……52
4 合否はバイオリズムが決めている?……64
5 お笑いタレントはボケなのか?……73
6 自分は何のために勉強しているのだろう……77

7　暗記の天才の秘密……81
8　受験恐怖症……85
9　「おもしろい！」と思える瞬間……101
10　ハイレベル参考書VS７割がすでにできる参考書……108
11　アメとガムで敵に勝つ……112
12　教科別の仕上げ順……126
13　大人はほとんど学校で習ったことを忘れている……140
14　参考書選びのポイント……145
15　秘伝の読書法……155
16　英単語を語源で覚える……158
17　よい先生がいる予備校には行ってはならない!?……164
18　テストが大好き？……172
19　現役は直前に急激に伸びる……180

何でも聞いちゃえ

1　部活で疲れて、夜は眠くて机に向かっても勉強になりません。……187
2　ずーっと頭痛に悩んでいます。……187
3　脳は酸素を大量に必要とすると聞きました。……188
4　頭が疲れるのはどうも目から来るような気がするのですが、……189

本文イラスト
細田　美装

第1章

記憶の正体を見る

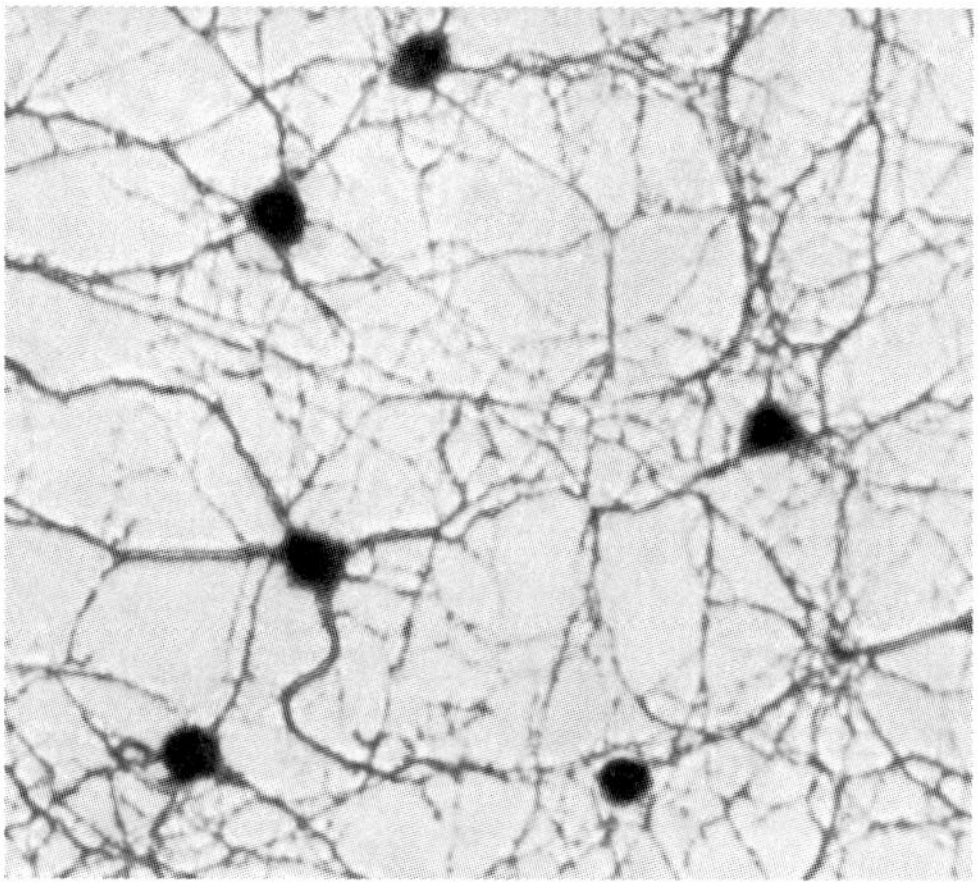

シャーレ上の神経細胞が作る神経回路

1―1 能力はテストでしか判定できないのか

記憶とは不思議なモノです。一体、記憶は脳のどこにどんなふうに存在しているのでしょうか。先生が生徒を眺めているだけでは、自分が教えた知識が、その生徒の頭の中にあるのかないのかはっきりしません。記憶はノートやメモのように、実際に目に見える「物」ではないのです。

そこで、登場するのが「テスト」です。皆さんの先生はきちんと教えたという確信があるのでしょう。何の躊躇《ちゅうちょ》もなく自信たっぷりに問題を出してきます。もし、その結果が不出来ならば「皆さんの頭の中にはその知識はない」ことがたちまち判明してしまいます。そして、学習義務を果たしていなかったとして、ダメ生徒のレッテルを張られてしまいます。

ところが、テスト中に答えが出かかっていたのに時間が足りなかったとか、喉《のど》のちょっと下でつっかかって出てこなかったとか、答案用紙を手渡したとたんに、ど忘れしていた知識をハッと思い出したとか、なんてこともありますよね。たとえそうであったとしても、はじめからまったく覚えていない人と同じ0点がつけられてしまいます。そして努力したにもかかわらず「怠慢」「無能」の烙印を押されてしまうのです。その悔しさといったら、もう言葉では表現できないくらいです。

テストを受けさせられる皆さんの防衛策としては、テストの前に、どんな問題が出されるかを

予想し、そして、きちんと答えが導き出せるかどうかを予備試験しておくというのが最善の措置になります。

さて、この「知識」という影も形もないものは、テストという実体にする作業を経なければ、あるのかないのか分からないものなのでしょうか。たとえば、テストの前に自分の脳の中身をパシッと写真を撮るだけで、あるなしを見ることができないものでしょうか。ましてや「頭脳明晰」とか「記憶力抜群」などという「脳力」を、目で見て確かめることはできないものでしょうか。

じつは、現代の脳科学はそれに近いところまで到達しているのです。頭蓋骨を開ければ、そこに脳があることは誰でも知っています。「記憶」

もその中のどこかにあることも間違いありません。ところが、「記憶」が固体であったり、液状で存在したりしているのなら分かりやすいのですが、そうではないので、医学研究界でも脳は最後の砦《とりで》になっていました。

しかし、コンピュータの記憶がハードディスクという磁気を使った媒体であったり、音楽CDの正体がレーザー光を反射する微細な凹凸であったりするのと同じように、脳の「記憶」も何らかの理数的で物理的な形で、脳に存在しているはずです。もしそうでなければ、脳は記憶できるはずがありません。

脳が記憶するということは、そこには何らかの情報の痕跡があるのです。ですから、脳に適当な処理を施せば、その情報を実際に「見る」ことができるようになります。実際、私の研究室では、脳の情報を観察することに成功しています。そして、テストではわからない「潜在意識」までもが見えるようになってきました。

1―2　神経細胞が作り出す脳

脳科学では、「記憶」は次のように定義されています。

記憶とは、神経回路のダイナミクスをアルゴリズムとして、シナプスの重みの空間に、外界の時空間情報を写し取ることによって内部表現が獲得されることである。

何がなんだかさっぱりですね。これを分かりやすく言うと、記憶の正体は「新たな神経回路の形成」ということになります。

ここで神経回路という言葉が出てきました。人間の脳の中には、一〇〇〇億個もの神経細胞があって、しかも、その一つひとつの神経細胞は、それぞれ一万個の別の神経細胞と「神経線維」という手を伸ばしてつながっています。想像できますか。ちょうど、たくさんの家（神経細胞）が緻密な道路（神経線維）でつながって都市（脳）を作っていることをイメージしてもらえばいいと思います。

道路が網の目のように張り巡らされているのと同じで、神経も神経回路というネットワークを作っています。そのネットワーク上を神経信号が跳び回っています。そして、その神経信号を使

って、脳は情報を処理しているのです。これはコンピュータが電気回路を使って、演算やデータ解析をしているのと似ています。

コンピュータは、半導体という一方向にしか電気を通さない部品を組み合わせた複雑な回路からできあがっています。それはプログラムと言われるもので、足し算の時はこっちからこう行ってあっちに回るといった道順を作っておきます。そこに電気を流し込むと、足し算の結果が出てくるという仕掛けになっています。

電気回路を動き回るデータは、電荷の「ある」と「なし」に対応した「0」と「1」という単純な法則に置きかえられて、セーブされたりロードされています。足し算だけでなく、どんな複雑な計算も、さらに音声やムービーなどもすべて、そのデータは0か1か、つまり「ある」

か「ない」かの二進法で処理されていくのです。脳の記憶や処理の仕方もこれとよく似ています。

話を簡単にするために、神経のネットワークを、神経線維が方眼紙のようにタテ横に交差しているマス目としてイメージしてください。そして、その方眼紙いっぱいに、絵や文字をかいてみましょう。それは遠くからみれば絵や字に見えますが、顕微鏡で拡大してみると、方眼紙には「塗りつぶされているマス目」と「塗りつぶされていないマス目」の二種類があるだけなのです。つまり二進法ですね。こんな具合に、脳の仕組みとコンピュータの仕組みには共通点があるのです。

1―3　覚える⇔忘れる

さらにコンピュータを使って説明したいことがあります。それは、RAMとハードディスクの関係が、ちょうど脳の「短期記憶」と「長期記憶」の関係に似ていることです。

コンピュータのハードディスクは、データを長期間保存しておく場所です。そこには百科辞典で何百冊分ものデータが記憶されています。しかし、それだけではコンピュータは何も役に立ちません。たくわえているだけではダメで、情報を使ってはじめてコンピュータは役に立つものになるのです。

そのためにハードディスクの中から、コンピュータは処理に必要な情報だけを選び出して、RAMに一時的に呼び出します。RAMは情報の一時的な保管場所です。つまり短期記憶です。コンピュータはRAM上に呼び出された情報だけを利用できます。逆に、何かをハードディスクにたくわえるためにも、いったんRAMを経由しないとハードディスクに保存できません。

要するにRAMは、コンピュータの記憶と外の世界をつなぐ橋渡しの役割をしているのです。皆さんの脳でもこれと同じことが起こっています。つまり短期記憶は、長期記憶から情報を引き出したり、長期記憶に情報を保存したりするための一時的な保管場所なのです。短期記憶を「(顕在)意識」、長期記憶を「潜在意識」と呼んでもよいでしょう。

記憶を脳に長期間たくわえるためには、短期記憶を経由しなければなりません。しかし、短期

記憶にはちょっとした欠点があります。それは、キャパシティつまり容量が小さいことです。あまりたくさんのものごとを同時に短期記憶としてたくわえることはできません。しかも、その情報はすぐに消されて忘れてしまいます（だから短期記憶というのですが）。

たとえば、カップラーメンでも食べようとヤカンでお湯を沸かしている最中に、友達から電話がかかってきて楽しい話で盛り上がったら、脳の中からヤカンの意識は消えてしまうでしょう。ヤカンは一時的な記憶なのです。コンピュータゲームでもそうですね。ゲームデータをハードディスクにセーブしないでスイッチを消したら、ゼロからやり直しになってしまいます。ＲＡＭ、つまり短期記憶とはそういうものなのです。

つまり、長期記憶を作るためには、短期記憶をいかに使うかということが鍵になるというわけです。

たとえば、保存する時にしっかり名前をつけて、きちんとファイルに分類・整理してから保存しておかないと、次にそのデータが必要なときに引っ張り出せなくなってしまいます。つまり、自分の脳の中に情報はあるのに、テスト中に思い出せないのと同じような悲劇が起こってしまいます。

倉庫に入れるには入れたが、片っ端から放り投げているためにごちゃごちゃになっている状態…これは倉庫ではなくてむしろゴミ捨て場です。いい加減にものを記憶すると、これと同じようなことが皆さんの脳の中でも起きています。

この本では、まずこうした観点から、いかにして知識を吸収すべきかを考えていきましょう。キーワードは「海馬《かいば》」です。記憶を語るときに、海馬の話題を避けて通ることはできません。

脳心理学コラム１

色彩心理学

皆さんの勉強部屋は、どんな色が基調になっていますか。「色」が人間の脳の機能に大きな影響を及ぼすことを知っているでしょうか。

たとえば、ファーストフード店の看板や店内は、赤色を基調にしていることが多いですよね。これは赤色がもっとも食欲を促進する色だからです。進化の過程で、人間がまだ肉食動物だったころの名残なのでしょう。赤い色調を使うとより多くの客を引き寄せられるのです。

反対に、満腹時にもっとも嫌悪を感じる色もまた赤色なのです。だから、食事を終えた客は、赤色の店内に居心地の悪さを感じてすぐに帰ってゆくことでしょう。つまり、店の客の回転が速くなるのです。

このように色と心の関係をあつかう学問を「色彩心理学」と言います。色彩心理学によると、もっとも人の気分を落ち着かせ、集中力を高める色は「緑色」だそうです。皆さんも部屋のカーテンなどは緑色にしてみてはいかがでしょうか。もしそれが無理であれば、勉強の息抜きに緑の森林浴などに出かけるのもいいでしょう。

1—4　海馬について知ろう！

人間の脳には、長期記憶と短期記憶があることを知りました。

長期記憶の保存場所は「大脳皮質」です。脳のハードディスク。つまり、覚えた知識をたくわえる場所です。

脳のハードディスクの容量はそれほど大きくありません。たとえば、いま皆さんが見たり聞いたり感じたりしているすべての情報を大脳皮質に放り込んでしまったら、わずか五分間ほどでパンクすると言われています。「え？たったそれっぽっちなの」と思うかもしれませんが、むしろ「脳には常にそれほどたくさんの情報が入ってきているんだ」と考えてもらった方が正しいでしょう。すべてのことを覚えることは所詮、無理な話なのです。

コンピュータのようにメモリーを増設できればよいのですが、脳ではそんなわけにはいきません。限られたメモリーをうまく活用するために、脳は「必要な情報」と「必要でない情報」の仕分けをします。裁判官のように情報の価値に判決を下すのです。その判定の結果、必要なものに仕分けされた情報だけが大脳皮質に送られて、そこに保管されるわけです。

では、その仕分け作業、つまり、必要・不必要を判定する「関所役人」とはいったい誰でしょうか。

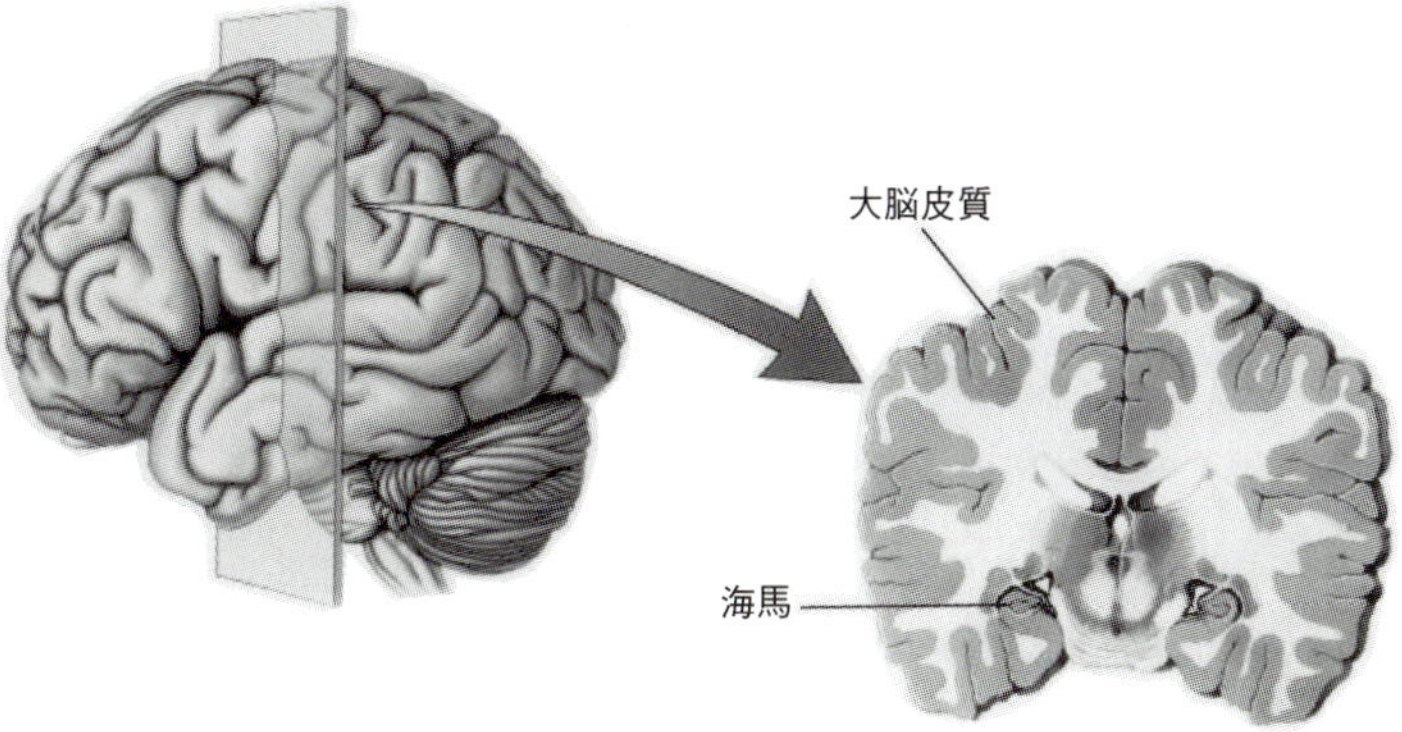

海馬と大脳皮質

それは脳の「海馬《かいば》」という場所です。耳の奥の方に位置している脳の一部位です。太さ一センチメートルくらい、長さ五センチメートルくらいで、小指をちょっと曲げたようなバナナ型をしています。ちなみに、海馬というのはタツノオトシゴという意味です。このタツノオトシゴという関所役人に必要と認められた情報だけが、関門を通過できて長期記憶となることができます。審査期間は約一ヵ月です。この審査は厳しくて、よほどのことがない限り一回で合格することはありません。

では、どんな情報が海馬の審査に通りやすいのでしょうか。明日のテストに出る英単語でしょうか。古代ローマ皇帝の名前でしょうか。

残念ながらそのどちらでもないのです。通行許可の判定基準はなんと、「生きていくために不

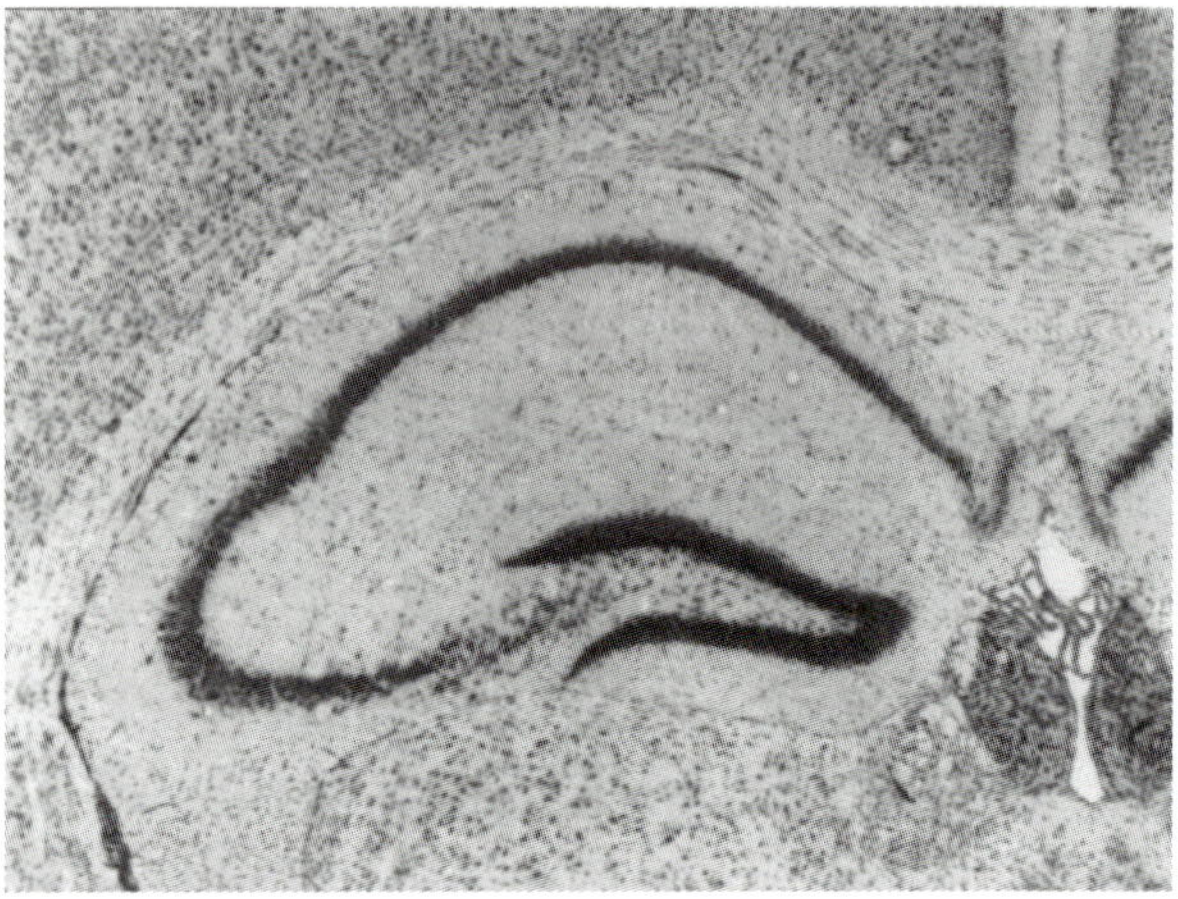

海馬の断面図

可欠かどうか」なのです。

英単語が覚えられなくて切羽詰《せっぱつ》まっている自分にとっては何よりも必要な情報なのに、タツノオトシゴはそんな私たちにとても残酷です。「英単語のひとつやふたつ覚えてなくても命に別状はない」といって通してくれません。短期記憶から長期記憶になることが許されないのです。皆さんが学校で覚えなくてはいけない知識のほとんどすべては、海馬が「生きていくのに不可欠」とは判定してくれないものです。

それもそのはずです。よく考えてみてください。「イヤな臭いがする物を食べたら食中毒を起こす」とか「石が頭に向かって飛んで来たら逃げないとケガをする」という情報とくらべて、「ソクラテスが死んだのは紀元前三九九年である」などという教科書的な知識は、どちらが命

にかかわる重大な情報でしょうか。人間は人間であるまえに動物です。どんなことがあっても生き延びていかなければなりません。動物にとっての学習とは、危険な状態におかれた経験で得た情報を記憶しておいて、同じ目に遭わないように回避したり、環境の変化に上手に適応していくことなのです。

脳心理学コラム2

モーツァルト効果

「モーツァルト効果」という言葉があります。モーツァルトを聴くと頭がよくなる効果のことです。これだけ聞くと、なんだかウサン臭いような気もしますが、実際に科学的に立証された効果なのです。そういえば、東大生には幼少時に楽器を習っていた人が多いという話も聞きますね。

この効果は、ウィスコンシン大学のラウシャー博士によって10年ほど前に発見されました。ただし、頭がよくなるといっても一時的な効果です。一時間ほども持続しません。しかし、その効果はてきめんで、知能指数ＩＱが８～９ポイントも高まるというから、まさに驚きです。

ただし、注意しなければならないのは、音楽はモーツァルトのものに限るらしいのです。バッハの音楽にも多少の効果があるのですが、そのほかの作曲家、たとえばショパンやベートーベンには効果がありません。これこそが「モーツァルト効果」と呼ばれる理由です。モーツァルトの美しいメロディーで右脳が、そして心地よいリズムで左脳がバランスよく活動するのがポイントだとラウシャー博士は説明しています。

皆さんも勉強の休憩にモーツァルトはいかがでしょうか。ちなみに、私は休憩時間には、内田光子さんの弾くピアノソナタ集をよく聴いています。

1―5　がんばれ海馬！

海馬は、生命存続における価値という「ものさし」に沿って忠実に情報の取捨選択をします。身の危険のない安全な教室で学ぶことなど、当面生きていくだけならどうでもよいことではありませんか。

人間は消費するエネルギー全体の二五パーセントを脳で使っています。脳の重さが体重のたった二パーセントに過ぎないことを考えると、いかに脳は大食漢であるかが分かりますね。

長期記憶で情報をたくわえるのには、エネルギーを消費します。だから、よけいな情報を脳にたくわえるのは、エネルギーのムダ遣いにほかなりません。海馬は徹底的な省エネ主義者で、エネルギーの浪費になるようなムダな情報はいっさい通過させません。海馬は「財政担当大臣」でもあるのです。

「右から入って左に抜ける」とよく言いますが、まさに海馬はそんな具合で、絶えず情報の消去を行っているのです。

ですから、皆さんが「全然覚えられないよ」と嘆いたとしても、それはある程度は仕方がありません。なぜなら、脳はそもそも覚えることよりも忘れることをずっと得意としているのですから。

つまり忘れるということは、脳科学的に見ればきわめて自然なことで、「なかなか覚えられない」という嘆きは、至極当然といったところなのです。せっかく苦労して覚えたことを忘れてしまっても、クヨクヨと悩む必要はありません。決して自分の脳だけが特別に忘れやすいわけではなく、これは誰の脳でも同じなのです。

雨は一人だけに降り注ぐわけではない。

ロングフェロー（詩人）

とは言っても、皆さんにとっては、授業中にドジな答えをして恥をかくことも入試で落ちることも、食中毒で苦しむことと同じくらい大事なことですよね。ところが残念なことに、私たちの雇った海馬は、主人である私たちのTPOに臨機応変に対応してはくれません。

人間が高次な文化を営むようになったのは、進化の歴史上ではつい最近のことで、海馬はまだ急速に発展した人間文化に見合っただけの進化を遂げていないのです。

では、学校で教わる知識を、海馬に「必要なもの」として仕分けしてもらうためには、一体どうしたらよいのでしょうか。それこそが、皆さんが今もっとも知りたいことではないでしょうか。

その方法はたった一つしかありません。海馬をダマすしかないのです。とはいっても、人間の役人のように、賄賂《わいろ》を使ったり泣きついたりして揺さぶりをかけても、海馬はいっさい動じません。

海馬に必要だと認めてもらうには、できるだけ情熱を込めて、ひたすら誠実に何度も何度も繰り返し繰り返し、情報を送り続けるしかないのです。そうすると海馬は、「そんなにしつこくやって来るのだから必要な情報に違いない」と勘違いして、ついに大脳皮質にそれを送り込むのです。古来「学習とは何か」に対して、「学習とは繰り返しである」と言われてきたのは、脳科学の立場からもまったくその通りだと言えます。

要するに忘れてしまったことは、いちいち気にすることなく、また必要になったときにもう一度覚え直せばよいのです。そうして覚えても、やはりまた忘れてしまったら、それでもヘコタレずにまた覚え直しましょう。そんな具合に、何度もなんども繰り返し覚え直しているうちに、脳はその知識を記憶に留めるようになるでしょう。

しかし、そうして苦労して覚えてもまた忘れてしまったら、どうしたらよいでしょうか。何度も努力して、やっと覚えたのに……。

答えは同じです。やはりまた覚え直せばよいのです。こればかりは仕方がないのです。人間の脳は、できるだけ早く多くのことを忘れるように設計されているのですから。

つまり成績がよい人とは、忘れても忘れてもめげずに、海馬に繰り返し繰り返し情報を送り続けている努力家にほかならないのです。

この本を読めば楽をして成績が上げられるようになると思っていた皆さんに対しては、期待を裏切る結論になってしまったかもしれませんね。いつもテストでイヤな思いをさせられている皆さんは、「どうしてコンピュータのように、一度のセーブで永久に忘れないようになっていないんだろう」と悔しく思ったかもしれません。

でも、考えてみてください。私たちの脳のキャパシティが小さいということもありますが、もっと本質的なことを言えば、もし一度覚えたことをすべて半永久的に忘れないとしたら、人は生きていけないのではないでしょうか。

私の出会った患者で、朝起きてからその日に見たこと全部、道ですれ違った知らない人の顔や、道路に放置してあった自転車にいたるまですべて記憶してしまって、寝床に就くと脳裏によみがえってくるという人がいました。ルリア病です。

　忘却のない完璧な記憶をもつ彼は、次々と生じる視覚像のために思考を妨げられ、しだいに現実と想像の世界の区別を失い、異常な世界にさまよい込んでしまいました。彼は必死で自分の頭を叩いて記憶を消し去ろうとしていましたが、ついに重いノイローゼになってしまいました。

　どうですか。どんどん忘れられることは幸せなことでしょう。私たちが好むと好まないとにかかわらず、人間はどんどん忘れるようにできています。というよりも、よほどのことでない限りは後に残さないようにできています。

　それでも、どうしても記憶に残さなければ入試に落ちてしまうとおっしゃるなら、方法はただひとつ、繰り返し繰り返しインプットして「脳をだます」しかないのです。


一番だましやすい人間は、すなわち、自分自身である。パルワー・リットン（英政治家）

　ただ、一口に脳をダマすと言っても、もちろんそこにはちょっとしたコツがあります。これができる人がいわゆる頭がよいということなのです。そこで、この本では「脳の原理」を説明しながら、そのコツを伝授していきます。さて、用意は整いましたか。まずは基礎編からスタートしましょう。

体験談①

高1で履修した科目で受験するのは不利？

私は今、高1で習った生物を受験科目にするかどうかで悩んでいます。一通り習っているので、全貌がつかめているのは有利かと思ったのです。それと、中間・期末では一夜漬けでしたが、たいていはよい成績を取っていたこともあります。

ところが、高3になって模試を受けたら、１００点満点の37点でした。カタカナの生物用語みたいなのは、「こんなん聞いたことない」というくらい、きれいさっぱり忘れていました。これならまだ高2で習った化学の方が残っているし、高3でやっている物理なら忘れる前に入試の日が来るような気がして、高1で履修した科目を受験で選択するのは不利なのかなあと思ってしまいます。

今から思えば、高1の中間・期末の試験問題を取っておいて、ときたま復習しとけばよかったと後悔しています。なんとなく覚えてられると思っていたのですが、2年もたつとホントに跡形もなくなるもんですね。（高3・神奈川）

著者からのコメント

こうした内容の相談は、ほとんどのケースで本人の意識の問題です。たしかに人の記憶は（とくにテストの知識の場合は特に）時間がたてば忘れてしまって当然ですね。

しかし、脳科学的にみれば、一度しっかりと記憶したモノ（つまり大脳皮質に刻まれた長期記憶）であれば、無意識の脳に今でもたくわえられているはずです。ですから、いまから勉強を始めても、以前よりはすんなりと思い出して、容易に習得できるはずです。つまり、1年生の時の履修科目よりも3年生になって習った科目の方が受験に有利だとは一概には言えません。

要するに、1年生のときの科目を、当時どれほどしっかりと取り組んで習得したかということがより重要な決め手です。「全貌がつかめていて有利」だと感じるのでしたら生物を選択したらよいと思いますし、「一夜漬け」でしか勉強してこなかったとしたら、おそらくその知識は身につかなかったでしょうから、最近習った物理を選択することを勧めます。

一方で、脳にはレミニセンス効果という現象があるということを心に留めておくこともムダではないでしょう。レミニセンス効果とは、身につけたばかりの新しい知識よりも、脳の中でじっくり寝かせた知識の方が、脳にとっては利用しやすい知識になるという現象です。詳しくは第2章を参照してください。

第2章

脳のうまいダマし方

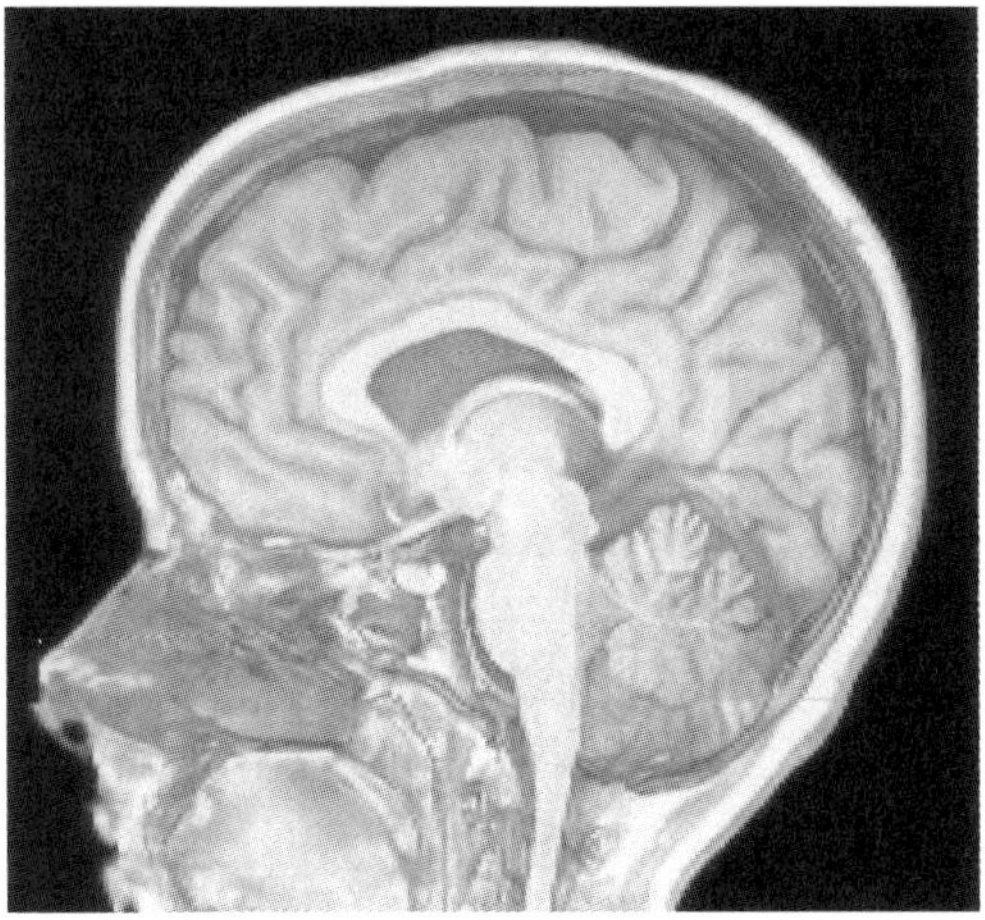

頭脳のMRI像

2―1　誰だって忘れる

この章では、脳にたくわえられた記憶がその後どうなっていくかを解説しましょう。これを理解することが、脳をうまくダマすコツを知ることになります。

第一章で、脳はものごとをなるべくたくさん忘れるように設計されているということを説明しました。そこでまず、人間の脳は一度覚えたことをどのくらいの速さで忘れていくかについて、皆さんと実験をしながら考えていきましょう。

たとえば、次のような単語暗記の実験をしてみましょう。これはドイツの心理学者エビングハウスが、百年以上も前におこなった有名な実験です。

次の三文字単語を覚えてください。

（いるめ）（くとし）（かでさ）（たとは）（すとえ）
（おえね）（むたら）（かふわ）（けんよ）（みまそ）

まったく無意味な単語が一〇個並んでいますが、真剣に覚えてください。単語を思い出すテストをします。

暗記するときに注意してほしいことが二つあります。第一点は、語呂《ごろ》合わせなどを使わず、そっくりそのままを「丸暗記」するということ。第二点は、覚えたあと、テストまでの間に絶対に復習してはならないということです。これは「忘却」のテストです。この約束を守らないと、「忘却」の実体が見えてきません。

さて、皆さんは、いま覚えた一〇個の単語を、このあとどのくらいの時間まで覚えていられるでしょうか。「私はこういう暗記が一番苦手なんだよな」とか「でも記憶力のいいやつは、楽に長時間覚えていられるんだろうな」とか、そんなことを考える皆さんもいるでしょう。

しかし、実際にテストをしてみると、単語を忘れる速度は人によって違わないのです。個人差はありません。誰でも同じように忘れていきます。つまり忘れることは、意識ではまったくコントロールできないのです。どんなに意識してもいつかは忘れてしまいますし、逆に、忘れようと気合いをいれてみても素早く忘れることはできないでしょう。

このテストで、単語がどのようなスピードで忘れられていくかを調べたグラフは「忘却曲線」と呼ばれています。一般的な結果を図に示しました。

このグラフをよく見てください。グラフは一次関数ではありませんね。忘れるスピードはどうやら一定ではないようです。覚えた直後がもっとも忘れやすいことが分かります。人間は、はじめの四時間の間に一気に半分くらいを忘れてしまうようです。けれどもその後は、生き残っ

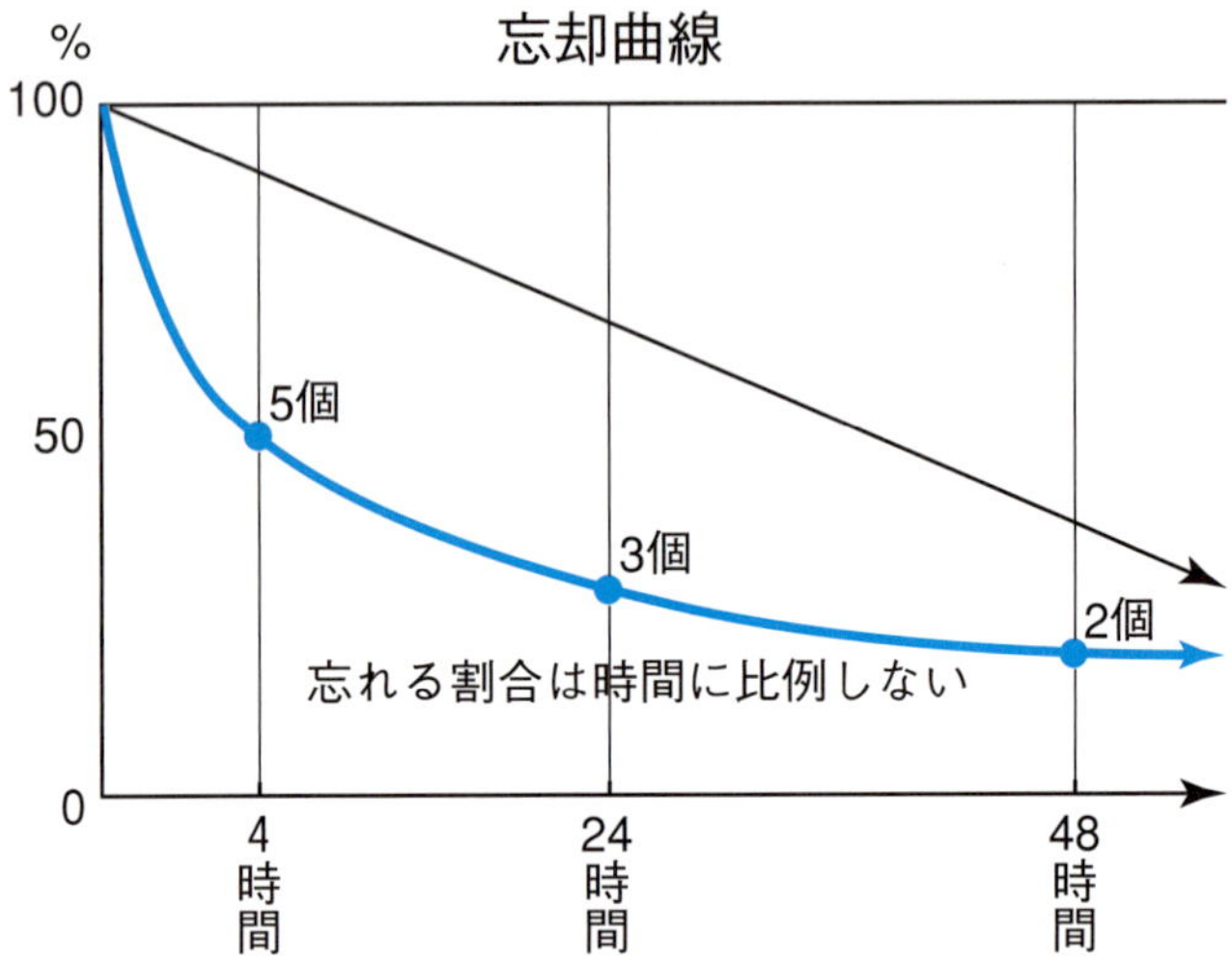

た記憶がわりと長持ちするようで、少しずつ減っていくだけです。そんな曲線がグラフから読みとれますね。

実際に、先のテストの平均的な成績から言いますと、四時間後には暗記した一〇個の単語のうち、五個程度しか思い出せなくなっているはずです。そのあとは忘れる速度が遅くなって、二四時間後にテストを行ってみると、覚えている数は三から四個であるのが普通です。四八時間後では二から三個くらいです。

ということは、テストの直前にやむなく切羽《せっぱ》詰まったら、前日の深夜にがんばって暗記するよりも、試験の日の朝、早起きして詰めこんだ方が、より覚えていられるということになりますね。しかも、この忘却曲線にしたがえば、テストが始まるまでの四時間以内でないと半分以上を忘れてしまうということが分かります。ただし私は、テスト直前の知識の詰めこみは推奨しません。その理由はあとで説明しましょう。

さて、皆さんは、このテストの成績はどうでしたか。こういうテストは厳密に行うのは難しいので、もしかしたら少し違う結果が出たかもしれませんね。もし、この忘却曲線よりも成績が良かったら、それはきっと丸暗記で記憶していなかったか、もしくは覚えた単語が、あなたにとって何か特別な意味を持つ単語だった可能性があります。これはあくまでも無意味な単語に対する効果をみる実験ですから。逆に、もし成績が悪かったとしたら、それははじめからきちんと覚えていなかっただけか、もしくは記憶の干渉の結果だと思われます。記憶の干渉については、これから詳しく解説します。いずれにしてもここでは、忘れることには個人差がないということを覚えておきましょう。

脳心理学コラム3

チャンク化

　突然ですが、次の９桁の数字を覚えてみてください。

　８５３９７２６４１

　そして30秒後に覚えているかチェックしてみましょう。こうした意味のない数字をただ暗記するのは、語呂合わせでも使わない限りなかなか難しいでしょう。しかし、皆さんが電話をかけるときのように、途中にハイフンをいれると

　８５３－９７２－６４１

となってグーンと覚えやすくなります。このようにものごとをグループ化すると記憶がしやすくなることを「チャンク化」と言います。

　勉強においてもグループ化はとても大切な作業です。

　たとえば、英熟語を覚えるときも、散漫に覚えていたのでは効率よくありません。むしろ、「get at」「get out」「get over」「get up」のように "get" でまとめてみたり、逆に「get at」「arrive at」「look at」「stay at」など "at" でまとめてみたりして、分類することが大切です。覚えたい対象をていねいに整理整頓するのです。

　また、計算間違いなどのケアレスミスで、うっかりテストの点数を下げてしまう人がいますが、計算ミスが多い人ほど筆算が乱雑で整理されていないという事実を知っているでしょうか。このように、勉学においては、知識や情報の整理整頓が重要な作業であることを心得ておきましょう。

２―２　よい勉強？　悪い勉強？

忘れるスピードは、人によって違ったり、意識によって変わったりはしないということはすでに説明しました。しかしだからといって、どんな条件でもいつも忘れるスピードは不変かというと、もちろんそうではありません。もし不変だとしたら、人によって記憶力は変わらないはずです。学校の成績に差が出るはずがありません。

そこでまず、忘却が早まってしまう場合を説明しましょう。どういうことをすると記憶が消えてしまうのかということです。それを知れば、皆さんの勉強にとって大いに役立つ情報が得られることでしょう。

忘れるのが早まる効果がもっともはっきり現われるのは、新しい記憶を追加することです。要するに知識を無理に詰めこむのです。たとえば、皆さんは先ほど一〇個の単語を覚えました。そこで新たに、たとえば先の単語を覚えてから一時間後に、さらに次の単語を一〇個覚えてみましょう。

（とがま）（もいく）（かまし）（ぎんも）（こはと）
（もそん）（しすぜ）（そひい）（でみは）（さくて）

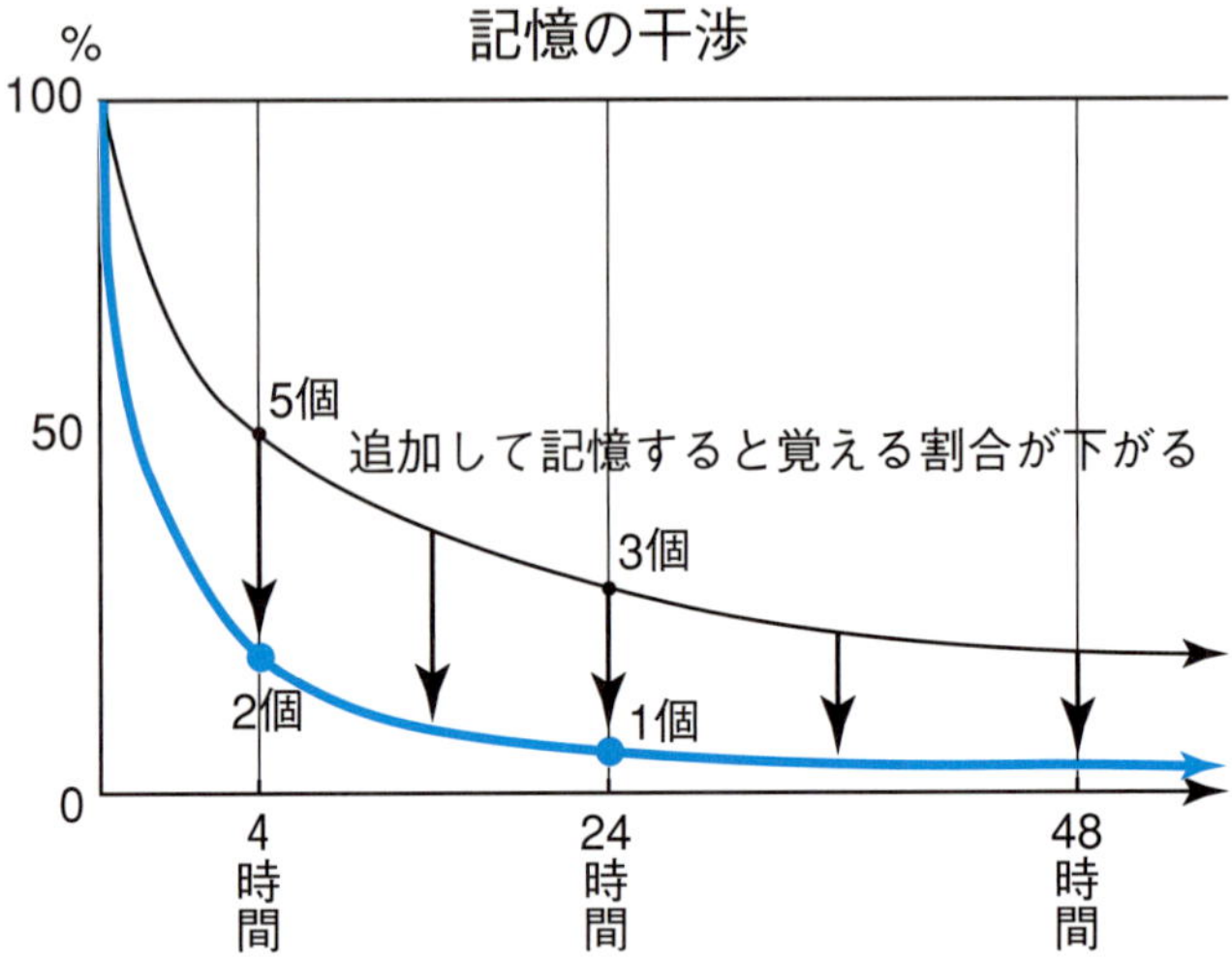

もちろん、今回もしっかりと暗記してください。

そして今から三時間後に、はじめに覚えた方の単語一〇個を思い出してみましょうか。どうでしょう。何個覚えていられましたか。きっと、一個か二個程度だと思います。

つまり、必要以上に記憶を詰めこむと、覚えが悪くなってしまうのです。一度に覚えられる量には限度があるということです。

もちろんこれと同時に、ついさっき覚えた新しい方の単語の記憶も妨げられているはずです。後から追加した一〇個の単語を、実際に四時間後に思い出してみれば分かると思います。思い出せる単語数は五個以下でしょう。

このように記憶がほかの記憶に影響を与えてしまう相互作用のことを「記憶の干渉」と呼び

ます。一つひとつの記憶は、お互いに関与せず完全に独立しているのではありません。むしろお互いに関連し合い、影響し合っています。ある時はお互いを排除したり、またある時は、お互いを結びつけ合ったりしているのです。

いずれにしても、間違った覚え方、たとえば不用意に大量の知識の詰めこみを行うと、記憶が曖昧になったり、ときには記憶が混乱したり、ふとした勘違いを起こしたりします。

たとえば古文の授業で、先生が「百人一首を明日までに全部覚えて来なさい。テストを行います」といったムチャな課題を出したとします。こんな時は、無理に徹夜して一〇〇個全部を覚えようと努力するより、着実に三〇個だけ覚えた方がいい点数が得られます。三〇個しか勉強しないというのは、ちょっとばかしズルい戦略ですが、しかし実際には、時間的にも体力的にも精神的にも理に適った作戦です。こんな時は、徹夜で強引に詰めこもうと考えるのはやめましょう。

もちろんテスト前だけでなく、ふだんの勉強でも同じことが言えます。一日のうちに、新しい知識をあまりにもたくさん詰めこむのは避けましょう。できれば、勉強は予習よりも復習に主眼を置くべきです。復習の大切さについては、またあとで説明します。とにかく、覚えられる範囲をストレスなく覚える。これが記憶の性質に適った学習方法なのです。

さて、そろそろ分かってもらえる頃だと思います。そうです！　勉強には脳の性質に沿ったよい方法と、脳の性質に逆らった悪い方法があるのです。脳の性質を無視した無謀な勉強は、時間のムダであるばかりではありません。場合によっては逆効果にさえなります。そんな勉強なら、しない方がまだマシですよね。

皆さんは、こうした悪い勉強法を今までとってきていませんでしたか。自分の勉強法をよく見直してみてください。この本ではこれから効率的な勉強法についていろいろと解説していきます。内容をよく把握して、もし間違った方法をとってきたのであれば、自分の勉強方法をよりよい方向に改善してみてください。「こんなにガンバっているのに、なんで成績が上がらないんだろう」と感じている人は、特に要注意です。そういう人は、脳神経科学の原理を正しく応用して、少ない勉強量でも最高の効果があげられるような勉強法に変えていきましょう。

どれだけ勉強したかということは大切な要素ではありますが、なにも勉強の量だけで成績が決まるのではありません。それ以上に大切なことは、いかに勉強するかということなのです。勉強の仕方しだいで結果は大きく変わります。

人生は物語のようなものだ。重要なのはどんなに長いかということではなく、どんなに良いかということだ。

セネカ（哲学者）

体験談②

究極の英単語暗記法

私の英単語の暗記法。まず書店で英単語集をぱらぱらとめくって、自分が知らない単語ばかり出て来るものはパスした。最後までやりきる自信がなかったからだ。かえって半分以上も知っている単語が並んでいるものを選んだ。それも見出し語が大きな字で書いてあって、パッと目に飛び込んでくるデザインが好きだった。

なにしろ飽きっぽくて「三日坊主」の典型だったので、「必ず半分以上はやるぞ」という気合を入れるために、単語集の真ん中に外から見えるように赤のラインを引いた。

それから1日に2ページずつ覚えることにして、前もって単語集の左上の余白に覚える日を書いておいて、実行したら○で囲んでいった。1日を8時間ずつ3つに切って覚えることにした。新しく覚えるのは寝る前だけにした。

そして、夜覚えた新しい単語について、登校時と下校時の2回、通学の車中でチェックすることにした。私は、これを高1の1学期から始めたが、ちょうど夏休みに入るころに一通り終わったので、夏休み中は付いていたCDを使って総復習した。

2学期に入ると、授業で読む英文の95%は知っている単語ばかりだった。もちろん複雑な構文が出てくると詰まってしまうけど、単語力だけで内容の大筋はつかめるし、第一、ほとんど辞書を引かなくてよいので、どんどんスピーディに読めて英語が得意科目になってしまった。（高2・長崎）

著者からのコメント

脳科学的にみて全体的にとても効率のよい勉強法であると言えます。勉強には「意欲」が大切なことは言うまでもありませんが、この勉強法には意欲を持続するための細かい心配りが見てとれます。単語集に限らず参考書選びは第一印象が重要です。はじめにパラパ

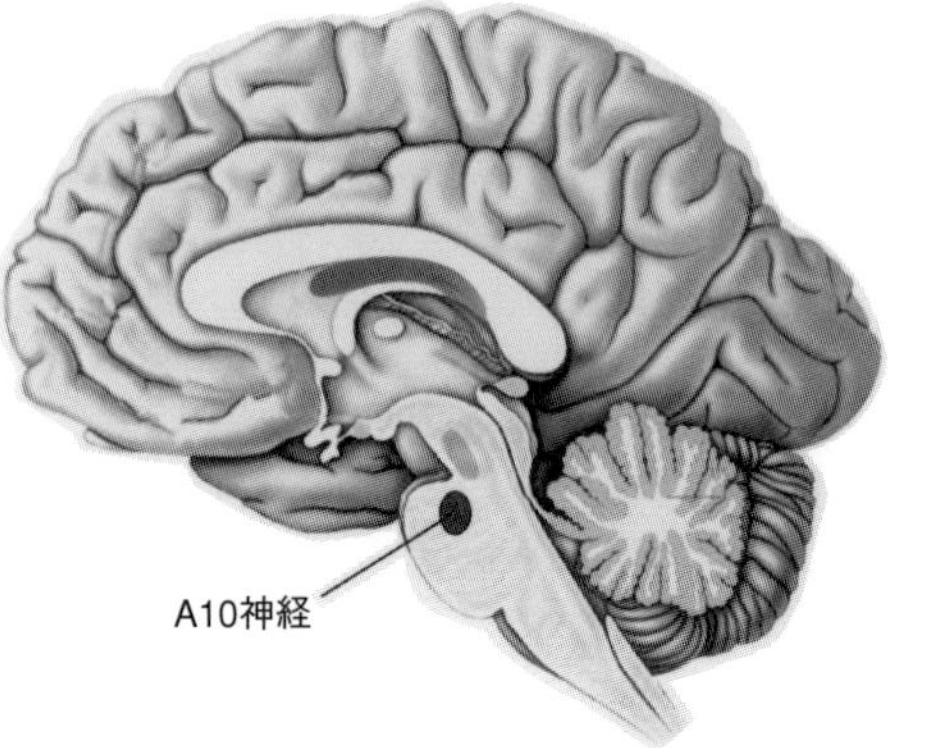

ラとめくってみて、自分と相性がよさそうなものを選ぶようにしましょう。相性のよい参考書を使えば、勉強の意欲が削がれずにすみます。

一方で、目前の目標を高く設定しすぎない点にも好感がもてます。「夢は大きい方がよい」とよく言いますが、日常の勉強においては決してそんなことはありません。目標に到達したときの達成感は、脳のA10《テン》神経と呼ばれる場所をほどよく刺激して、意欲を長期的に高めることができます。

1日2ページずつという無理のない勉強量はとても妥当な選択であると思います。また、実行したら○で囲むのもよい習慣ですね。自分のやるべきこと、やってきたことを明確に示すことは、意欲を持続する上で有利に働きます。

またこの体験談で、もっとも素晴らしいと感じる点は、登下校の空き時間を利用して復習をしていることです。「復習」は勉学においては大切な鉄則なのです。にもかかわらず多くの学生は「遊びや部活にも時間を割きたいから」「ほかに勉強しなければならないことがあるから」などと、復習の優先順位を低くしているようです。

しかしこの体験談のように、ちょっとした工夫とアイデアで時間はいくらでも作り出せるはずなのです。勉強は復習重視と頭を切り替えましょう。予習、学習、復習の比率は0.5：1：2くらいがちょうどよいのです。

2-3 繰り返しの効果

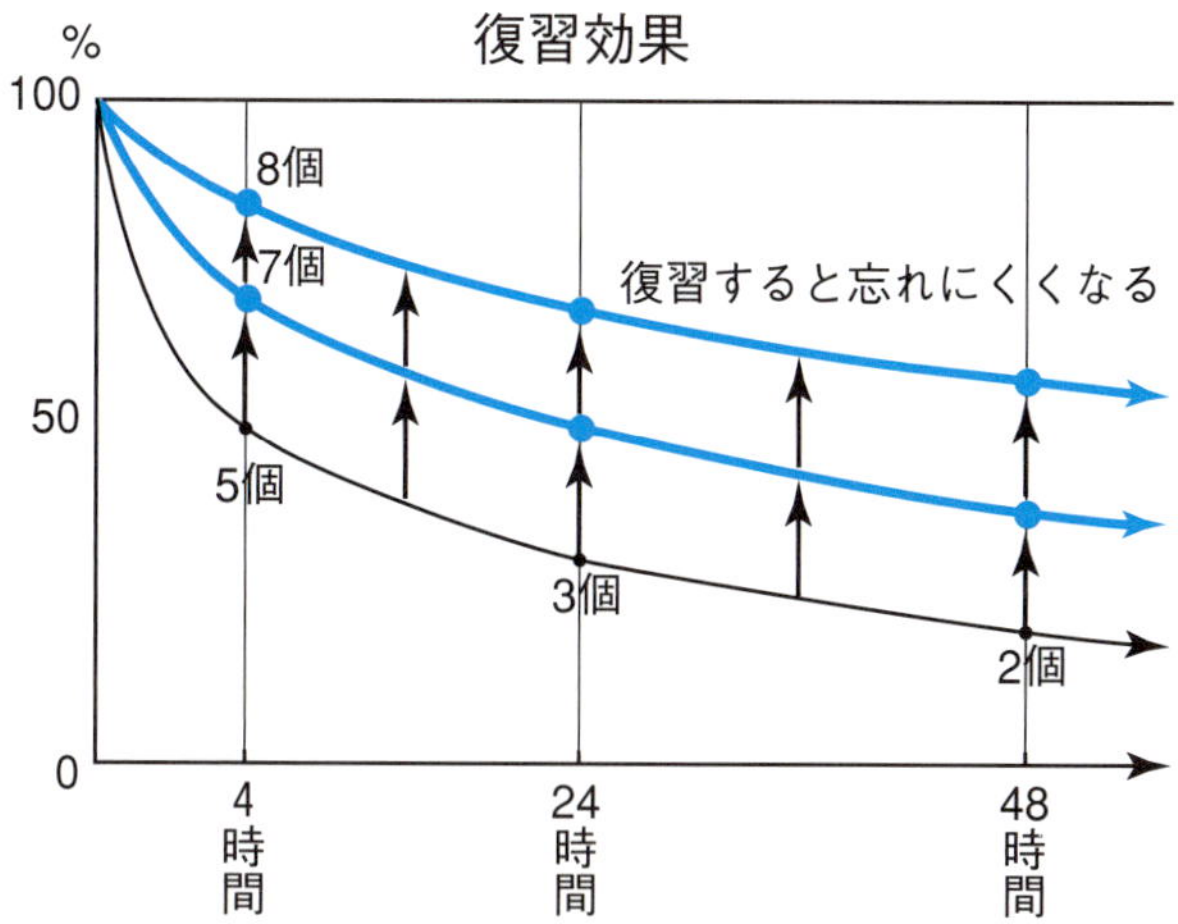

忘却曲線の実験を通じて、間違った勉強法では忘れることが速まったり、覚えたことが混乱したりすることが分かりました。しかし、忘却曲線が教えてくれることはこれだけではありません。次に、忘却曲線の傾きを緩やかにする、つまり覚えたことを忘れにくくする方法を考えてみましょう。

最初の実験で、皆さんは単語を一〇個覚えましたが、せっかく覚えたその単語も時間がたてば自然と忘れていきます。あたり前ですが、いつかは一〇個全部をすっかり忘れてしまうでしょう。

しかし、それは本当に脳から消え去ってしまったのでしょうか。

どうやらそんなことはないようです。ためしに、単語を完全に忘れてしまった後に、まったく同じ一〇個の単語をふたたび暗記し直してみましょう。そしてもう一度テストをしてみます。するとどうでしょう。一回目のテストの時とくらべて、今回の方がよく覚えていることに気づくはずです。二回目は忘れにくくなっているのです。平均すると、おそらく四時間後でも六個から七個くらいは覚えていられるはずです。

さらにこれを繰り返してみましょう。つまり、二回目に覚えた単語をふたたび忘れた後で、さらにもう一度、同じ単語の暗記を行ってみるのです。三度目にもなると、さらに効果はてきめんです。もっと忘れにくくなることが分かるでしょう。四時間後に八から九個は思い出せるはずです。

つまり記憶を繰り返すと、あたかも記憶力がアップしたかのように見えるのです。ですからたとえば、もし皆さんが友達をここに呼んできて、いっしょに単語の丸暗記競争をしたとしましょう。どんなにがんばっても四時間後に半分は忘れてしまうその友達は、すっかりあなたを記憶術の天才だと勘違いしてくれるはずです。

それにしても、暗記を繰り返すとどうしてこのように記憶力がアップするのでしょうか。最初のテストで完全に思い出せなくなってしまったのですから、もはやその単語は皆さんの脳からはすっかり消えてなくなってしまったはずですね。それにもかかわらず、二回目の忘却曲線は一回目よりも成績がよいのです。不思議ではありませんか。

じつは、その単語は、脳から完全に消されてしまったわけではなかったのです。ただ思い出せなくなっていただけで、ちゃんと脳の中には残っていたのです。皆さんはすっかり忘れてしまったかのように感じたかもしれませんが、実際には無意識の世界にしっかりと保存されているのです。ただし、それはあくまでも潜在的な記憶ですから、思い出すことができなかったわけです。

しかし学習を繰り返した場合には、この無意識の記憶が気がつかないうちに暗記を助けて、テストの成績を上昇させるのです。だから、学習を繰り返すとまるで記憶力がアップしたかのように感じるのです。

このことから勉学においても、何度も繰り返すこと、つまり「復習」が大切であることがよく分かりますね。復習すれば忘れる速さが遅くなるのです。

体験談③

個別ビデオ授業VS生授業

私の通っている予備校は、全部ビデオ授業です。授業日や時間割もありますが、学校の行事で行けない日や部活が長引いて遅れて行く日なんかは、生授業でないのでかえって安心です。

それよりも個別のビデオ授業なので、自分のペースでビデオを止めたり、一通り見た後でもう一度倍速で見たり、分かりにくかったとこだけを見ることができます。たいてい3回くらいはしつこく見ます。その都度、新しい発見があるもんなんです。

ただ、何度でも見たくなるような講師の授業じゃないとウンザリですけど…。（高2・宮城）

著者からのコメント

ビデオ授業はとても効率がよいと思います。ただし、普通の授業形式とちがって能動的な参加型になりますので、それを活かすも殺すも本人しだいということになります。

この体験談のように、同じビデオを3回見る習慣にはとても感心します。脳科学的にみても、やはり復習効果を出すためには最低3回は見る必要があるからです。ただし、それをどのような期間で3回見ているかが重要ですね。一日にまとめて3回見るよりも、たとえば一週間おきに3回見る方がよい効果があげられます。

せっかく利点の多いビデオ授業ですから、計画を立てて最大限に活用しましょう。詳しい復習スケジュールに関しては、本文を見てください。

2―4　がむしゃらだけでは報われない

いま、皆さんは「復習」の大切さを知りました。しかし、ひとくちに復習といっても、ただただ何も考えずに復習すればよいというわけではありません。そこで、復習において注意しておきたいことを二つ取りあげて説明します。

まず一つ目は、復習をいつやればよいのかというタイミングについてです。つまり、どれほどの間隔をあけて復習をすれば、もっとも高い効果があげられるのかということです。

先ほどの三文字単語の暗記テストを使って、実際に皆さんも試してみると分かるのですが、二回目の学習までに一ヵ月以上の間隔をあけてしまうと、記憶力はほとんどアップしません。つまり、潜在的な記憶の保存時間は一ヵ月なのです。一ヵ月以内に復習しなければ、さすがに潜在的な無意識の記憶も無効になってしまいます。復習はいつやっても効果があるというわけではありません。最低でも一ヵ月以内に復習するようにしましょう。

ところで、なぜ無意識の記憶には使用期限があるのでしょうか。じつは、それも「海馬」が鍵を握っています。海馬は脳に入ってきた情報の取捨選択をする工場ですが、海馬に情報が留まっている期間は、どんなに長くても一ヵ月なのです。海馬は情報を一ヵ月かけて整理整頓し、何が本当に必要な情報なのかをじっくりと選定しているのです。

だから一カ月以上過ぎて復習しても、それは海馬にとってははじめて習ったことと同じことになってしまうのです。逆に一カ月以内に何度も復習をすれば、海馬は「たった一カ月の間にこんなに何度もやって来るのだから、これはきっと大切なものなのだろう」と勘違いしてくれるわけです。

もちろん、同じ一回の復習でも、海馬により多くの情報を送った方が勘違いしてくれる可能性が高くなります。つまり復習のときも、はじめて学習する時と同様に、目で追うだけでなく手で書く、声に出すといった努力をして、できるかぎり多くの五感を使うべきです。こうした目・耳・手などの五感の情報はすべて海馬を刺激するのに役立ちます。

海馬の性質を考えると、もっとも効果的な復習のプランは、

学習した翌日に、一回目
その一週間後に、二回目
二回目の復習から二週間後に、三回目
三回目の復習から一カ月後に、四回目

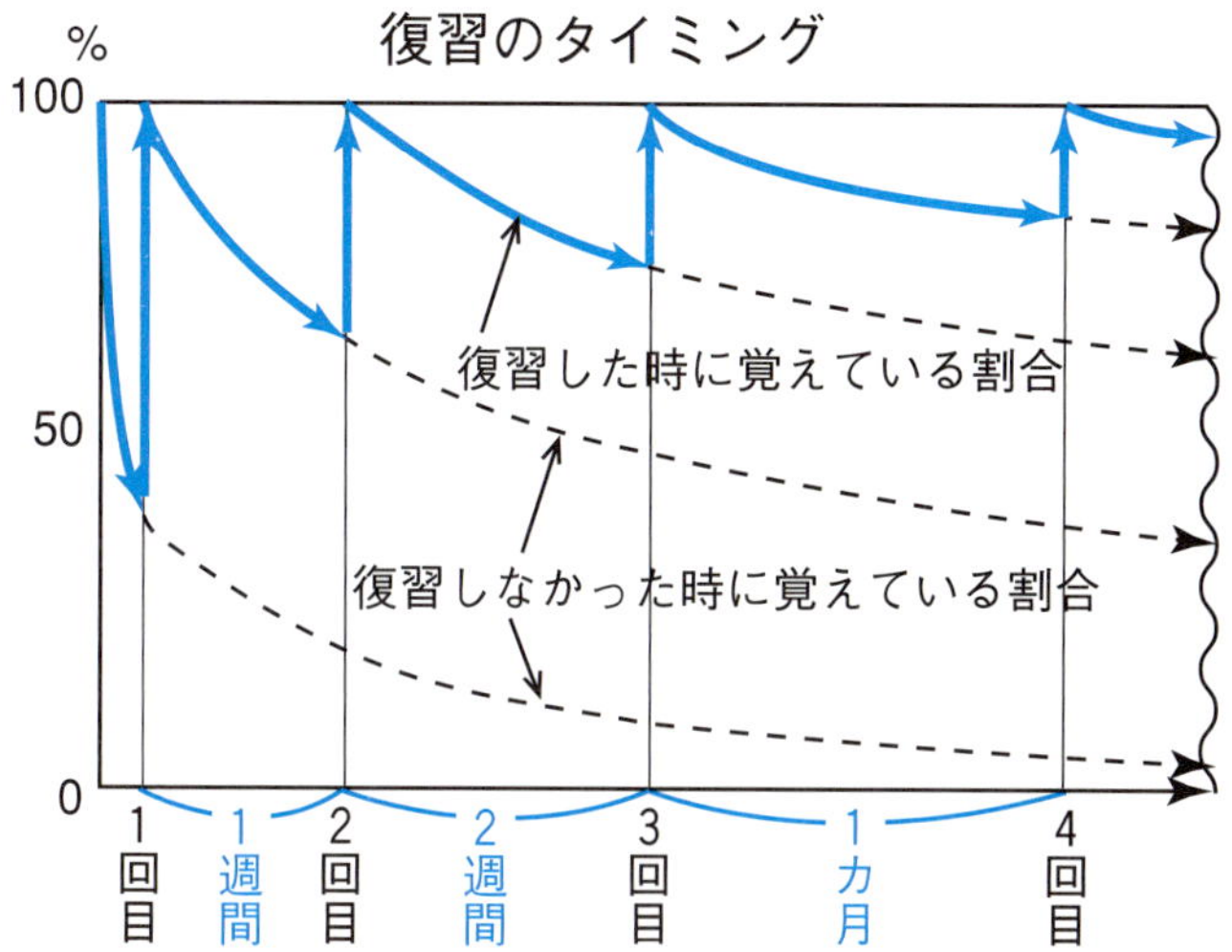

というように、全部で四回の復習を少しずつ間隔をあけながら、二カ月かけて行うことです。このように繰り返せば、海馬はその情報を必要な記憶だと判定します。

逆に、これ以上に復習をたくさんする必要はありません。筋肉トレーニングでもそうでしょう。筋肉をつけるために、鉄亜鈴《アレイ》を毎日持ち上げる必要はありません。二日に一回トレーニングするだけで、毎日やったのと同じ効果が現われます。それと同じように、復習スケジュールを必要以上に過密にして労力を費やしても、その成果は変わらないのです。

時間の使い方のもっとも下手なものが、まずその短さについて苦情をいう。

ラ・ブリュイエール（思想家）

不要な復習に時間を割くのなら、その時間をほかの勉強に使った方がよいでしょう。以上が注意点の一つ目です。

二つ目の注意点は、復習の内容についてです。

復習の効果は同じ内容のものに対して生じます。たとえば、さきほど単語の暗記テストをしましたが、もし二回目に異なる一〇個の単語を暗記したとしても、まったく記憶力はアップしません。覚える内容が変わると、効果が出ないのです。それどころか、むしろ記憶の干渉が起こって、成績が低下してしまう恐れもあります。これでは復習効果どころではありませんね。

ですから、復習は同じ内容の学習を繰り返すことが肝心です（だからこそ「復習」と呼ぶのですが）。

たとえば、皆さんは勉強をするときに、学校の教科書以外にも参考書や問題集を使っていると思います。本当に自分に合ったよい参考書を探し出すのは、なかなか大変なものです。実際、書店の参考書売り場には、参考書選びの参考書などという不思議な本も置いてあるくらいですから。

きっと皆さんの中には、少しでもよい参考書はないかと、何冊も参考書を買って少しずつ使い試しをしている人がいるでしょう。しかし、私はそうした参考書の探し方がよいとは思いません。

その理由は、まさに「復習」効果です。同じ科目でも、参考書が替われば、また一からその参

考書を理解し直さなければなりません。**復習効果はあくまでも同じ対象に対して現われる**のです。これはとても重要なことですから、肝に銘じてください。

確かに、世の中にはよい参考書と悪い参考書があるかもしれません。しかし実際には、皆さんが気にするほど大きな差があるわけではありません。気になる人は、情報に敏感になりすぎているだけです。もし、皆さんが周囲の人や本の情報に惑わされて、参考書をアレコレと替えているとしたら、それは復習効果をみずから放棄しているようなものです。ほとんど自殺行為です。

参考書選びのコツは、第一印象で決めることに尽きます。ですから、インターネットで購入したりせず、できれば書店まで足を運んで、実物を手にとって眺めながら、何を選ぶかを自分自身で決めましょう。そして、一度決めた参考書は最後まで使い切りましょう。意志を変えずに何度も繰り返し勉強するのです。

決断せよ。そして、いったん決心したことは必ず実行に移せ。　フランクリン（科学者）

初志貫徹。他人が使っている参考書はもはや自分には関係ありません。参考書探しに時間やお金を費やしている余裕があったら、一度決めた参考書を何度も復習した方が賢明です。私自身も学生時代は、参考書を何種類も使用せず限られた冊数を最低四回は繰り返したものです。勉強は頑固なくらいがちょうどよいのです。

脳心理学コラム4

バイオリズム

勉強をいつ頃やっていますか。朝ですか、昼ですか、それとも夜ですか。

人間の体にはリズムがあって、それぞれ決まった時間に細胞は活動をします。一日ごとの生活リズムは「サーカディアンリズム（日周リズム）」と呼ばれ、これは脳の「視交差上核」でコントロールされています。

もちろん、朝型人間・夜型人間など、人それぞれに言い分はあるでしょうが、サーカディアンリズム学によれば、一般に記憶力はホルモンの関係から、朝から午前中にかけてもっとも高くなることがわかっています。したがって、効率よく勉強するためには、午前中をいかにうまく活用するかが肝心なのです。

一方、ふだんから真夜中に勉強するのが習慣となっている人は、テストのたびに昼型に変えなければなりません。これはちょうど海外旅行でいう「時差ボケ」のようなものですね。じつは、時差ボケになると、海馬の神経細胞が少しずつ死んでしまうという事実が最近明らかになりました。これをうけて、いくつかの航空会社では国際線のスチュワーデスのフライト・スケジュールの大幅な改変を推進しています。テストは必ず昼間にありますから、できれば皆さんも昼間に勉強したいですね。

ところでバイオリズムには、一日単位だけではなく、一週間単位、月単位、年単位などさまざまなものがあります。ちなみに、一週間単位のリズムで言えば、学習効率が高まるのは金曜日と土曜日であると報告されています。「金曜日効果」とよばれる現象です。理由はまだ科学では解明されていませんが、いずれにしても、週末は遊ばずに勉強するのがよいでしょう。

2—5 眠ることも勉強のうち

これまで「復習」の大切さを説明してきました。皆さんは、復習は自分で努力してやるものだと思っているでしょう。しかし実際には、皆さんが眠っている間にも、脳は知らずしらずのうちに復習をしていることを知っているでしょうか。——夢です。夢を使った復習も、大切な脳作業の一つです。

最新の脳科学によれば、何か新しい知識を身につけたときには、その日に六時間以上眠ることが絶対に欠かせないということが分かりました。逆に、一睡もせずに詰めこんだ情報は、数日のうちに脳から消えてしまいます。

そう言われてみれば、テストの直前に夜更《ふ》かしして覚えた知識は、結局は身につかず、きれいに忘れてしまいますよね。やむを得ず一夜漬けしているのでしょうが、ここはまず、睡眠が学習にとっていかに大切かを知っておいた方がよいでしょう。

なぜ睡眠をとらないといけないのでしょうか。その鍵もまた海馬が握っています。

夢を見ている間、海馬はとてもさかんに活動しています。**夢は「記憶」の再生**です。こう言われても、皆さんはピンと来ないかもしれませんね。「風変わりな夢や、神話の世界のような妙な

夢を見るではないか、あれは現実とは一切関係がないよ」という反論が皆さんから聞こえてきそうですが、それは皆さんの記憶の断片が組み合わさって出来上がっただけなのです。

　たとえば、皆さんは古代ギリシャ語をペラペラしゃべっている夢を見たことがありますか。もちろんないでしょう。なぜなら、脳にその情報がないからです。脳にまったく存在しない記憶は、いかに夢と言えども作りようがないのです。

　つまり夢とは、脳にある情報や記憶の断片が、あれこれと組み合わされて作られているのです。そして、その組み合わせに意味があるのかないのかを試行錯誤しているのです。あまりに妙な組み合わせになると、「変な夢だ」と起きたあとに覚えているのです。ただし、起きたあとに思

い出せる夢は、全体のほんの一部分、おそらく一パーセント以下です。

とにかく、人はたった一晩でも膨大な夢を見ます。それらはすべて海馬の情報や、大脳皮質の記憶が夢の中で再現されているのです。脳は睡眠中に、情報をさまざまな形で組み合わせ、その整合性をテストし、過去の記憶を「整理」しています。そして、どの情報が必要か、どの情報が必要ないかを、海馬が吟味しているのです。

したがって、寝ないということは、海馬に情報を整理し選択する猶予を与えないということになります。その結果は目に見えていますね。整理できないような情報は、即座に廃棄されてしまいます。そんな情報は、長期記憶どころか数日もたたないうちに消えてしまいます。

寝ることは、覚えたことをしっかりと保つための大切な行為なのです。テスト直前にだけしか勉強しない、しかも毎回徹夜だという人がいますが、これでは学力が積み上がっていくはずがありません。記憶は、脳に長く留まってはじめて意味のあるものです。一夜漬けしてテストでいい点を取っても、その場しのぎにすぎません。

貴重な睡眠時間を削ってまでいい成績をとろうと試みるのは無意味です。せっかくの努力をムダにしないためには、なるべく睡眠時間を削らなくてすむような計画的な学習プランを立てましょう。

学習の基本は、「覚えられる範囲だけを覚える、理解できた範囲だけを確実に覚える」ことです。あとは、いさぎよく寝ましょう。やるべきことだけをきちんとやって、あとは海馬に任せましょう。しっかりと寝て、海馬の活躍に期待する――これが学習の鉄則です。

体験談④

合否はバイオリズムが決めている？

時間に追われないで静かに勉強できる夜が好きで深夜型の勉強をしていたが、入試は朝から昼にあるので、思い切って朝早く起きて勉強する朝型に変えた。最初は眠かったけど、冷たい水で顔を洗って、水を一杯飲んでから始めるようにした。

しばらくすると新しいリズムに体も頭も順応してきて勉強がはかどった。入試の1週間前には、同じ曜日同じ時刻に合わせて試験会場まで行ってみた。入試の当日、極力よけいな神経を使わなくてすむようにした。

人それぞれにバイオリズムというのがあるそうだが、入試に受かる・落ちるは実力よりも案外、その人のバイオリズムがピークに達したときに受けた大学は受かって、どん底のときに受けた大学は落ちるというふうになっているんじゃないか、と思うほどだ。（高3・香川）

著者からのコメント

バイオリズム（生体周期）の存在は科学的に証明されています。スポーツを見ていても、それが分かるでしょう。どんなに優秀な選手でもスランプは必ずあります。調子の善し悪しの波です。こうしたバイオリズムの波は、ほぼ一定の周期で繰り返されているのです。

ただし、バイオリズムは一種類ではなく、その周期にさまざまな長さのものがあります。まばたきや心臓の拍動や呼吸リズムなどの秒レベルのもの、朝起きて夜寝るという日周のリズム、生理周期のような一カ月程度のリズム、秋になると高まる食欲などの年レベルのリズム、さらにもっと長い何年という周期の存在も確認されています。そのいくつかについては脳メカニズムが解明されています。

これらのリズムのすべてが絶頂期に重なると、人はふだん以上の能力を出すことができ

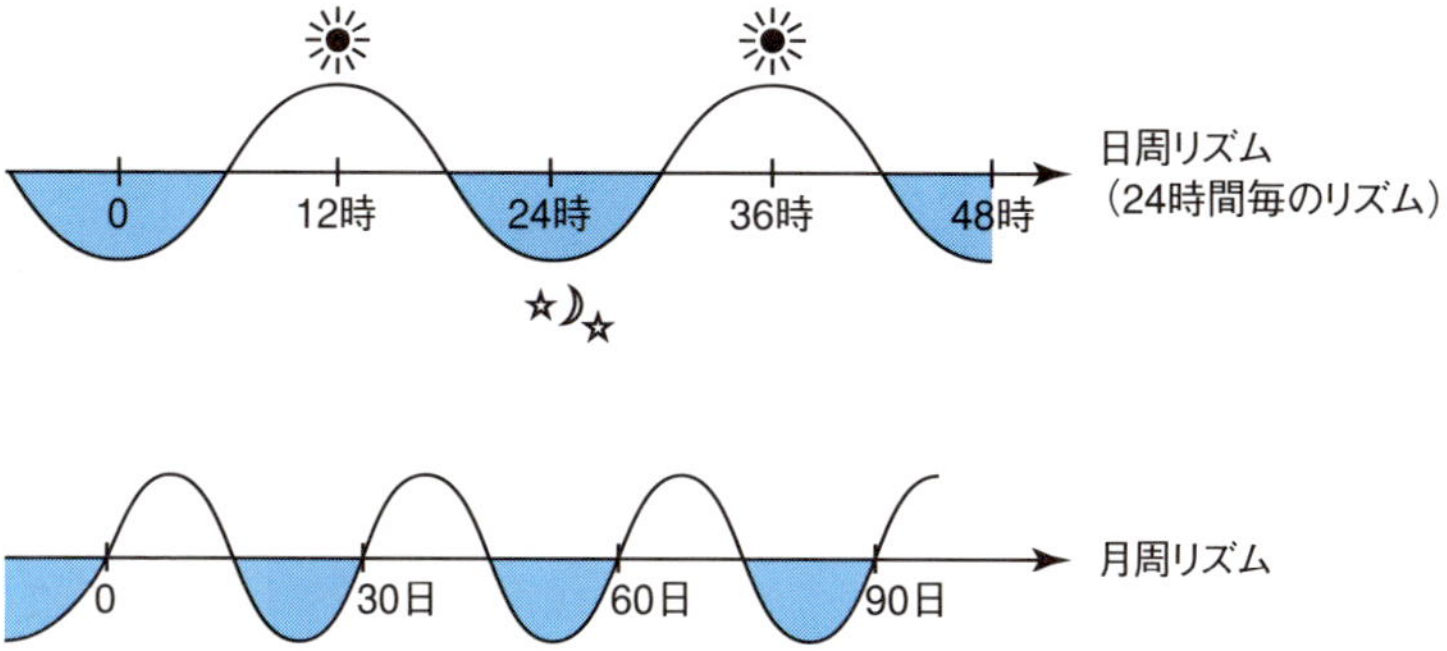

ます。オリンピック選手などは4年に1回の大会に、自分のさまざまなバイオリズムのピークを合わせるコツを本能的に知っていると言われています。

もちろん、そのためには自分のバイオリズムをしっかりと把握することが肝心です。皆さんにとってもっとも大切なバイオリズムは、言うまでもなくサーカディアンリズム（日周リズム）でしょう。この波がしっかりと試験の時間帯に合わないと、実力を発揮できないまま試験が終わってしまうという悲劇がおこります。ちなみに、サーカディアンリズムは朝にリセットされますから、リズムがずれているなと感じたら、朝の起床後に冷たい水で顔を洗って、太陽や明るい蛍光灯などの光を浴びて、しっかりとリセットしましょう。

また、「入試の1週間前には、同じ曜日、同じ時刻に合わせて試験会場まで行ってみた」というのは、厳密に言えばバイオリズムとは関係ありませんが、脳の予測機能を利用した非常におもしろいテクニックだと思います。このような予行演習をすることで、脳は無意識にその日の予定行動を設定しますので、試験当日にテスト以外の要因で受ける精神的なストレスが激減します。

2—6　夢は学力を養う

寝ること、つまり夢を見ることの大切さを説明しましたが、夢が脳におよぼす作用はまだほかにもあります。

たとえば、学習したものが少し時間が経つと、より理解が深まるという不思議な経験をしたことはありませんか。それまで勉強してもさっぱり分からなかったことが、ある日突然、目から鱗《うろこ》が落ちたようによく理解できたという経験や、ピアノのレッスンでどんなに練習してもうまく弾けるようにならない部分があり、そのままフテ寝してしまったけれど、次の朝、ピアノに向かってみたらすらすら弾けたなどということです。

こうした不思議な現象は「レミニセンス reminiscence」と呼ばれています。じつはこれも、寝ている間に夢を見て、記憶がきちんと整理整頓されたから起こる現象です。夢を見ると、記憶は自然と成長するというわけです。寝かせて熟成するのですから、まるでワインのようですね。

逆に言えば、学習した内容がレミニセンス効果によって十分な効果を発揮するためには、ある程度の時間が必要であることになります。直前に覚えた知識よりも、数日たった知識の方が整理されていて、脳にとっては利用しやすい記憶になっています。

もちろん、レミニセンスを期待して寝てばかりいる怠け者になってはダメですが、勉強の合間に睡眠をはさむことはとても大切です。たとえば、一日にまとめて六時間勉強するのなら、三日にわけて二時間ずつ勉強した方がよいでしょう。途中に睡眠が入りますから、効果的に学習ができるわけです。少しずつで構いませんから、毎日コツコツと勉強したいものです。継続する意思が大切です。

脳心理学コラム5

レム睡眠

皆さんは、ふだんあまり意識していないかも知れませんが、睡眠にはリズムがあります。寝ている間には「浅い眠り」と「深い眠り」が周期的に交互に起こっているのです。この周期はだいたい90分くらいです。浅い眠りの時には、本人は眠っているにもかかわらず目をキョロキョロさせています。これは「レム睡眠」という睡眠状態で、眼球が動いているのは夢を見ているからだとも言われています。

さて、この浅い眠りと深い眠りの周期は、寝ている間に何度か（ふつう4～6回ほど）繰り返されて、睡眠時間が十分になると、浅い眠りになったときに自然に目覚めます。ところが、目覚まし時計などで、深い眠りの時に強制的に起こされると、寝起きが悪く、頭がボーッとします。しかも、この朦朧《もうろう》とした意識が一日中続いてしまうこともあるから大変です。もし、これがテストの日だったら一大事ですよね。

すっきりとした頭脳で一日を過ごすためにも、レム睡眠の時に目覚めるようにしましょう。睡眠の周期は人によって微妙に異なりますので、自分のリズムを把握しておくことが大切です。そして、ふだんから、同じ時間に寝て、同じ時間に起床するように、一日のリズムをしっかりと作っておきましょう。

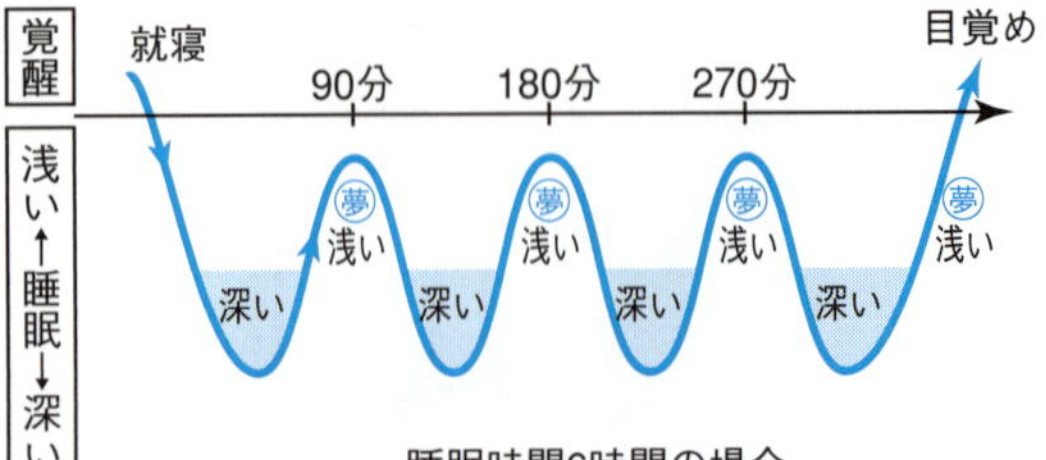

睡眠時間6時間の場合

第3章

海馬とLTP

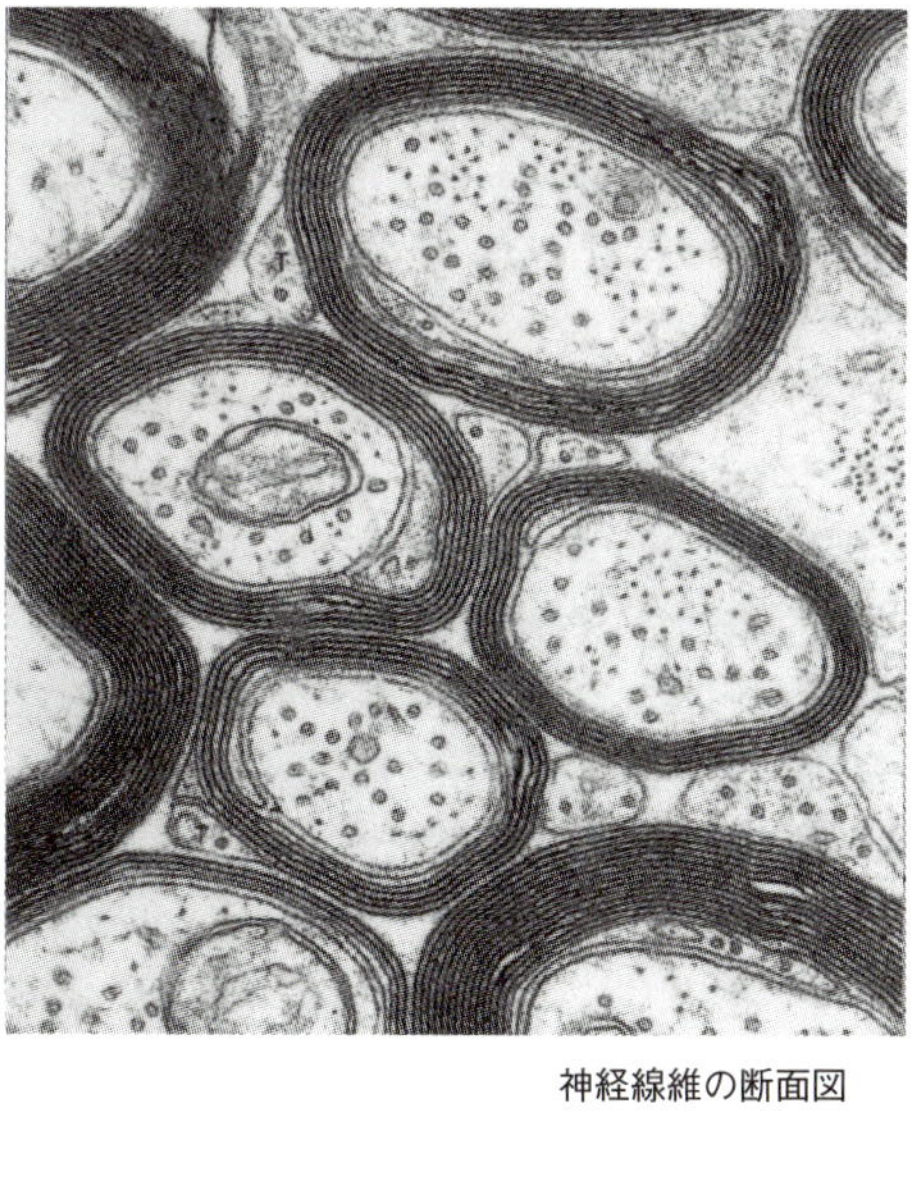

神経線維の断面図

3―1　なぜ復習が必要なのか

この章では、海馬の神経細胞の性質から、脳の記憶の性質について考えてみましょう。神経細胞一つひとつがもっている小さな性質から、皆さんは多くのことを学ぶことができるはずです。なぜなら、脳の機能は、すべて神経細胞が作り上げているからです。さらに、それが海馬の神経細胞の性質ということであれば、なおさら当然のことでしょう。

私は、大学院時代に「海馬と記憶」の研究を行って博士号を取りました。いわば海馬の博士です。そこで、この章では専門家にしかできない海馬の性質の話をしましょう。実際に、海馬の神経細胞にはおもしろい性質が多く備わっています。その代表的な例がＬＴＰです。というわけで、まず、このＬＴＰとは何かについて説明しましょう。

現代の脳科学では、かつては考えられなかったような高度な実験が可能になっています。たとえば、人間や動物が生きたままの状態で神経細胞の活動を記録しつつ、同時に神経細胞を刺激することさえ容易にできるのです。そこで私はこの技術を使って、海馬にそっと細い電極を刺して、海馬を繰り返し刺激してみました。するとどうでしょう。驚いたことに、神経細胞同士の結びつきが強くなったのです。しかも、刺激のあと、ずっと結合度が増強したままでした！　つまり、長期的に神経細胞が活性化されたのです。

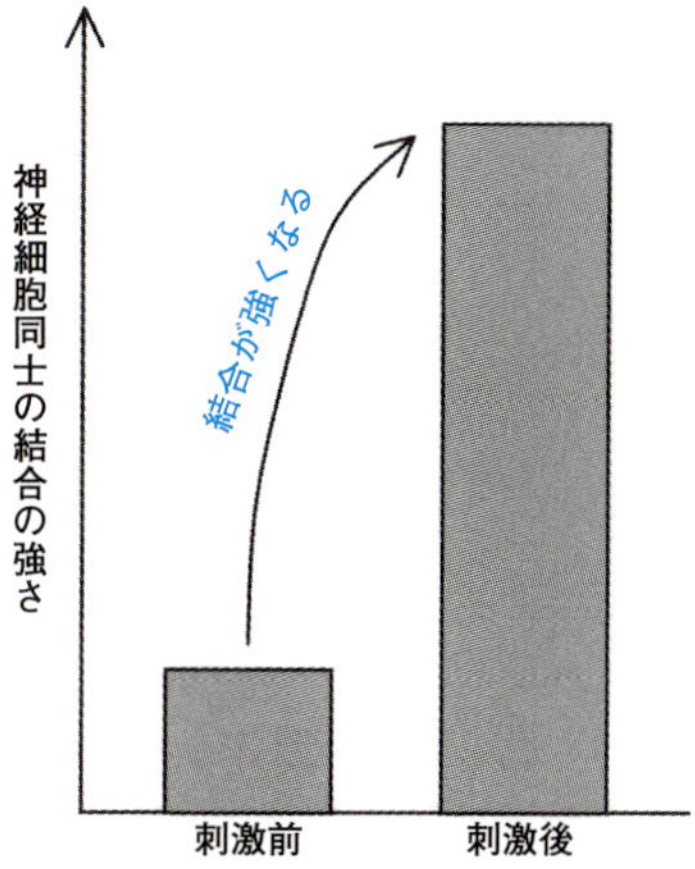

LTPの実験データ

これは「長期増強（long-term potentiation）」として知られている現象です。最近ではそのイニシャルをとってＬＴＰと呼ばれています。この本でもＬＴＰとカッコよく呼ぶことにしましょう。

ＬＴＰは脳の「記憶の素」です。これは簡単な実験で調べることができます。たとえば、薬を与えたり遺伝子を操作したりして脳からＬＴＰをなくしてしまった時に、その動物に何が起こるかをチェックすればよいわけです。実際、ＬＴＰを奪われた動物は、気の毒なことに記憶ができなくなってしまいます。ということは、記憶はＬＴＰによって作り上げられていることが分かります。

一方で、ＬＴＰがよく起こるようにした動物では記憶力が高まります。海馬のＬＴＰがよく起こるような状態になれば、脳の能力が向上するというわけです。ということは、LTPの引き起こし方を工夫すれば、私たちに役立つ何かが見えてくるということになります。

まず、注目すべき点は、LTPは神経細胞を繰り返し刺激して生じる現象だということです。海馬を一回刺激しただけでは、決してLTPは起こりません。何度もなんども刺激してはじめてLTPが生じます。

要するに、海馬の神経細胞そのものが繰り返しの刺激、つまり「復習」を必要としているのです。神経細胞それ自体がそうなのですから、私たちに復習が必要なことはもはや避けられない運命なのです。復習もしないで何かを習得しようという態度は、科学的に見てあまりにも間違った考え方だと言えます。

ただし、ここでガッカリするのはまだ早いでしょう。問題なのは、繰り返し（復習）を必要としているという事実ではありません。そうではなくて、この繰り返す刺激の回数を何とかして効率よく減らすことができないだろうかと考えることです。

実際に、刺激の繰り返し回数を少なくすませる秘策があります。この方法を利用すると、より簡単にLTPを引き起こすことができます。つまり、効率のよい勉強法のヒントがそこに隠されているというわけです。それでは、その方法について二つの秘訣を説明していきましょう。

体験談⑤

お笑いタレントはボケなのか？

テレビに出て来るお笑いタレントは、どう見ても秀才には見えない。それなのに、どうしてあんなに長いセリフが覚えられるのだろう。彼らは一見ボケのように見えるけれども、ほんとうは文字通りタレント（才能）たっぷりの人たちなのだろう。

それにしても納得がいかないのは、いつも単語テストでビリの男が、この前の文化祭では一時間以上もある演劇で主役をこなしたことだ。正直言って、誰かが幕のウラでセリフを教えていたのではないかと思うくらいだ。夏休みの半分はつぶしたと言っていたが、あの分量は英単語一五〇〇語以上だ。

〝好きこそものの上手なれ〟のことわざの意味は重い。（高3・大分）

著者からのコメント

実際には、テレビのタレントは裏方で血のにじむような苦労をしているのです。それを表に見せないのがタレントの仕事なのです。ローマは一日にして成らず。どんな能力も努力の賜物です。その成果だけを羨ましがるのなら誰にでもできます。努力の足りないタレントは売れないし、仮に売れたとしても一発屋にすぎません。

また、「好き」という感情が生みだす効果は、脳科学的に見ても絶大です。好きなことをするという行為は、いわば自分に与える「報酬」です。快感なのです。つまり、Ａ10神経と呼ばれる脳部位が活動しています。すると、集中力や意欲をさらに高めることができます。この状態が長い期間続けば、脳に対する効果はもはや計り知れないほどです。「潜在能力が引き出される」とよく言いますが、それは脳自身が脳にもたらした特恵効果（脳心理学コラム⑧）なのです。

3―2　童心こそ成績向上の栄養素

LTPを起こすために繰り返し刺激の回数を減らす秘訣の一つ目は、その刺激をある脳波の出ている状態で与えることです。

脳波というと、おそらく皆さんはアルファ波やベータ波を思い浮かべるでしょう。リラックスしているとき脳に現われるのがアルファ波、イライラしているときに現われるのがベータ波です。

しかし、ここでいう脳波はそのどちらとも異なります。その名は「シータ波」。アルファ波やベータ波よりもゆっくりとしたリズムの脳波です。おそらく、この脳波の名前を聞くのは、はじめてではないでしょうか。にもかかわらず、勉強においてはもっとも大切な脳波だと言っていいほど重要なものです。

シータ波は「好奇心」の象徴です。はじめてのものに出会ったり、未知の場所にきたりすると、自然に脳に生じる脳波です。つまり、わくわくしたり、ドキドキしたりして、興味が強く外に向かっている状態です。反対に、飽きたりマンネリ化したりして興味が薄れてしまうと、シータ波は生まれません。興味をもって対象に向かうときにシータ波が出るのです。

シータ波が出ている海馬では、少ない刺激の回数でLTPが起こります。実際、うまく刺激すると、繰り返す回数を五分の一から一〇分の一に減らすことが可能です。

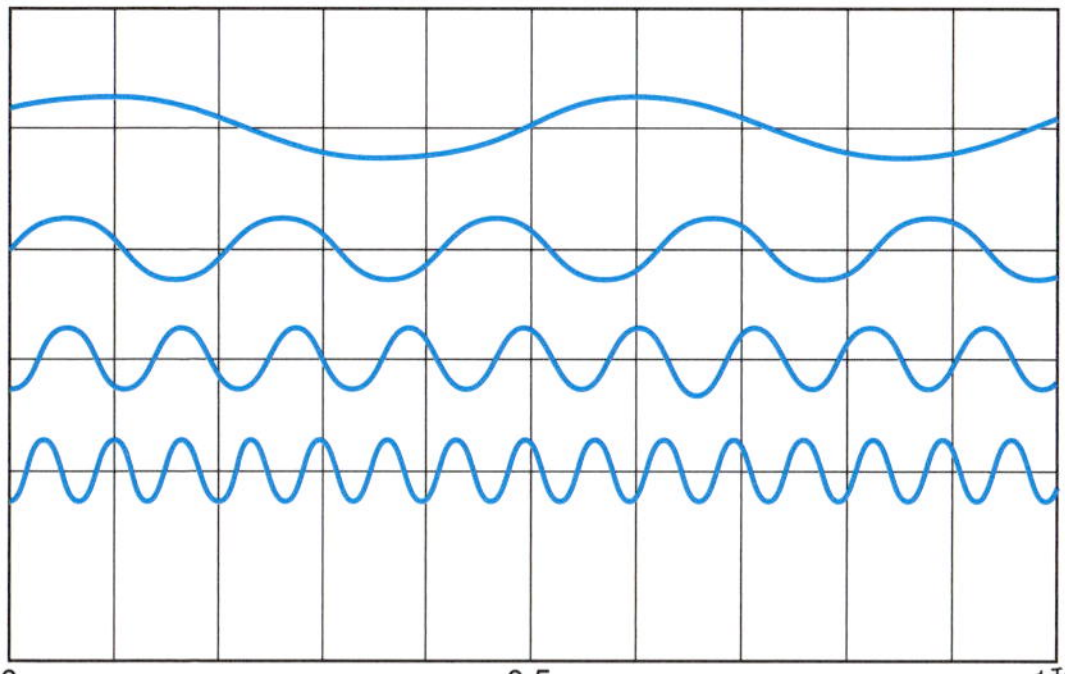

言い換えれば、興味をもっているものごとは復習回数が少なくても覚えられるというわけです。確かに、皆さんも「初体験」のできごとは後々までよく覚えているでしょう。興味をもっていること、たとえば歌手グループのメンバーの名前やＪリーグの選手の名前などは、苦手な教科の知識にくらべて、なんとも楽に覚えられるものです。これもシータ波がなせるわざなのです。

さて、海馬の性質を通してみると、何よりもまず、覚えようとする対象に「いかに興味を持つか」がとても重要なことが分かりました。つまり、勉強が「つまらない」と思っていると、結局は復習の回数が余分にかかるだけなのです。嫌々ながらやるのは時間のムダなのです。

食欲がないのに食べると健康を害するように、欲求がないのに学習すると記憶を損なう。

ダ・ビンチ（芸術家）

「今日はノリ気がしないな」と感じたら、少し休憩をして再度トライしましょう。また、そんな日は潔く寝てしまって、明日への意欲を養うのも別策としてよいかもしれません。

ところで、もしかして、そもそも勉強がおもしろいはずはないと思っている人はいませんか。それは大きな勘違いです。まあ、確かに、テスト自体は決して楽しいものではありませんが、テストのことを考えなければ、どんな対象でもきっと興味を惹かれるところがあるものです。

実際、世の中のものごとはどんな対象であっても、必ず奥深いものです。「蓼《たで》喰う虫も好き好き」と言いますが、実際に外からぼんやり眺めている他人には、そのおもしろみが分からないというケースはたくさんあります。やってみてはじめて分かる楽しさというものがあるのです。しかも、その道を究めれば究めるほど、そのおもしろさが分かるようになってきます。

人は、教育がつけばつくほど、ますます好奇心が強くなる。

ルソー（啓蒙思想家）

だから、もし皆さんが「つまらない」という言葉を口にすることがあるとすれば、それは「私は無知です」と自ら暴露していることになります。

勉強でも同じです。もし、つまらないと感じたとしても、しばらくは我慢して続けてみましょう。そうすれば、きっとその中におもしろさを見つけることができるはずです。そのときには、皆さんの脳が自然とシータ波を出しているでしょう。

ダイアーは次のように言っています。「よし、朝だ！」というのも「あーあ、朝か」というのも、あなたの考え方しだいだ、と。確かにそうですね。同じ朝でも要は、気の持ちようなのです。感動をいつまでも忘れない子供のような心、シータ波を生みだすためには「童心」と「憧心」が大切なのです。

自分は何のために勉強しているのだろう

小さい時からずっと母親に「どんな授業もまじめに受けなさい。そうでないと、先生に失礼だ」と言われてきたことを正しいと信じてきた。

ところが高2のとき、文系・理系の進路選択を迫られて、ハタと「自分は何のために勉強しているんだろう」と思うようになった。それから半年間、勉強に身が入らなくなった。模試でよい偏差値をとるとか、難関大学に合格しようと必死で勉強している友達がうらやましい気もしたが、目先の目標よりももっと本質的な、勉強する目的自体を失った私には、以前のような情熱は起きようはずもなかった。

半月ほど前のこと、私の通っている予備校で職業適性検査を受けた。その結果、私にはじっくりと腰をすえて取り組む研究職が、偏差値八七という極端な数値で出た。何となくいいなと感じていた分野に適性があると言われたことが、いやそうではなく、自分にも自分を活かせる職業があって今やっている勉強もその基礎固めになっていると感じて、超スランプを脱出した。（高２・東京）

著者からのコメント

すでに研究職をしている私としては、そういう目標をもってもらえることは個人的にもうれしいことです。

確かに高校２年生の頃は、いわゆる中だるみの時期でもあるせいか、人生についてさまざまな側面から、その価値を考えこんでしまいます。かくいう私自身もそうでしたから。もちろん、そうした思索期は、子供時代から脱却して自己精神を確立するために経由する重要な過程なのですが、現状や将来の展望に絶望的な考えを抱き意欲を失ってしまう学生も多いようです。この体験談のように、人生の目標を見つけることができた人はとても幸せだと思います。逆に言えば、こうした高２という時代は、もっとも他人との学力差がつく時期であるとも言えます。

もし「自分は何のために勉強しているのだろう」と疑問に思うことがあったら、この本の「おわりに」を読んでみてください。

登山の目標は山頂と決まっている。しかし、人生のおもしろさはその山頂にはなく、かえって逆境の、山の中腹にある。

吉川英治（作家）

３―３　思い出という記憶の正体

少ない刺激回数でＬＴＰを起こすには、シータ波が効果的であることを説明しましたが、もう一つとても効果的な方法があります。それは、私自身が世界ではじめて発見し、科学界に報告した現象です。

その方法とは、「扁桃体」という脳の神経細胞を活動させることです。

扁桃体は、海馬のすぐ隣にある脳部位です。小指の爪くらいの小さな場所ですが、脳にとってはとても大切な役割をしています。それは何かというと、感情を生み出す働きをしているのです。つまり、喜びや、悲しみや、怒りなどの気持ちを作っているのです。海馬が記憶工場だとしたら、扁桃体は感情の工場だと言えます。

扁桃体が活動するとＬＴＰが起きやすくなるという事実は、言い換えれば、感情が盛んなときにはものごとが覚えやすいということになります。

そう言われてみれば、確かに昔のことでよく覚えていることは、楽しかった行事や悲しかった事件など、何かの感情が絡んでいることが多いでしょう。人間は、そうした記憶のことを特別に「思い出」という言葉で呼んで、心の中に大切にしまっています。しかしその実体は、扁桃体が活動したからＬＴＰが起きやすくなったという現象にほかなりません。

さて、ここで「思い出」という特別な記憶が、ほかの記憶にくらべて、より強く人間の脳に刻まれる理由を考えてみましょう。どうして思い出が心に残る必要があるのでしょうか。それが日常生活のうえで何か重要なのでしょうか。

じつはその理由は、人間の生活を観察していただけでは分かりません。そうではなく、人間が進化の過程で、まだ野山をかけまわる下等な動物だった頃の野生生活を考えてみなければなりません。扁桃体が記憶力を高めるという現象は、動物たちにとっては命に係わる深い意味があったのです。

現代の都会生活をしている人間とは違い、大自然の中で生活する動物たちは、常に生命の危機にさらされています。命を落としかねない怖い体験もたくさんするでしょうし、いつ果てるともしれないエサの心配もしなければなりません。こうした危機を効率よく回避するために、動物たちは、敵に会って恐怖を感じた状況やエサにありついた場所をきちんと脳に記憶しておかねばなりませんでした。

こうした重要情報をいかにすばやく、つまり復習できる回数が少なくてもいかにしっかりと記憶できるかは、動物にとって生命の存続にかかわる重大な問題だったのです。そのための作戦が、感情による記憶能力の促進なのです。だから脳は、扁桃体の活動によって、感情が絡んだ経験をしっかりと覚えていられるように作られているのです。

進化の過程で培われたこの特殊な記憶力は、いまだに人の脳に残っています。思い出作りというと、なんだか心の温まる人間性あふれる営みのように感じますが、じつは、動物の命をかけた生き残り戦争の名残《なごり》だったのです。

体験談⑦

暗記の天才の秘密

友だちに暗記の天才がいます。東大の理Ⅲに現役で合格したやつなんですが、たとえば日本史年表を見ていて、ひょっと「この天皇の名前を覚えてみよう」という気になるらしいんです。すると、神武天皇から今上天皇まで百二十五代の天皇の名前をなんと2時間で覚えたそうです。みんなの前で「神武―綏靖―安寧―懿徳―孝昭…」とものの1分足らずでまくし立てるんです。

みんな、「あいつは人間じゃない」とか「こんなやつといっしょにやってらんねぇ」と言うけど、あとで彼にそっと聞いたら、そいつの言うことには、「覚えるのが楽しくてしょうがない」……。

「暗記が楽しい」という人間にぼくははじめて会った。変わり者だけど、見習うべきか。ぼくはこれまで、「暗記は嫌なもの、苦しいもの」と決めつけていたような気がして、ハッとした。（東大・1年）

著者からのコメント

勉強や丸暗記を含めて、なにごとでも楽しんでできれば、それに越したことはないですね。扁桃体という脳部位で生まれる「楽しい」という感情は、大脳の覚醒レベルを高め、意欲を強くし、ものごとに対して集中する力を与えます。さらに、中隔野という脳部位が海馬にシータ波を起こさせて記憶力を高めます。よいこと尽くめなのです。

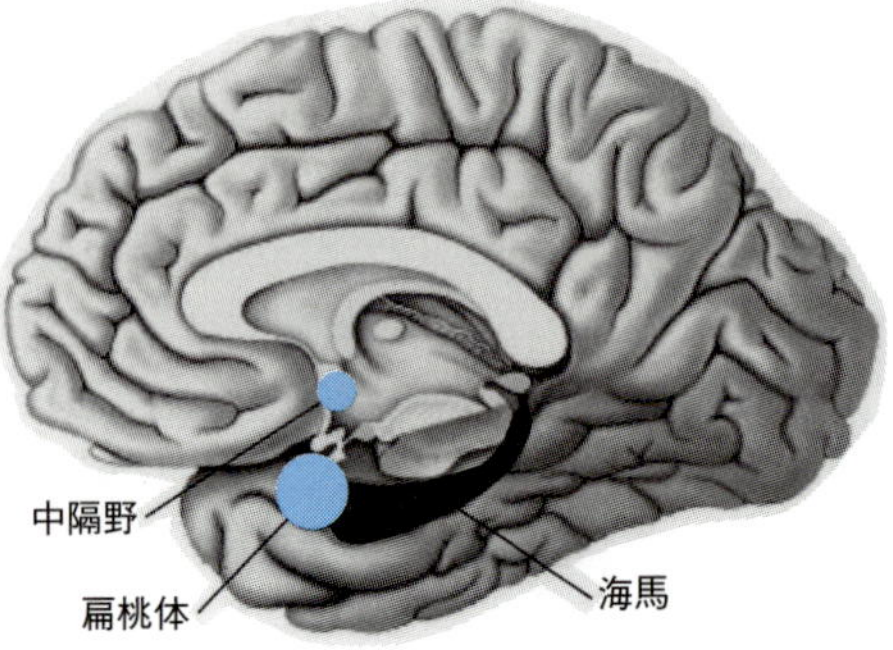

扁桃体と中隔野

ところで「記憶」とは、口のせまい空のペットボトルに水をためる行為であると想像してください。ペットボトルは大量の水をたくわえることができますが、ボトルの口の大きさには限界がありますから、たとえばバケツに水を汲んできて、それをペットボトルの上にバシャーっと逆さまにひっくり返しても、水を効率よくためることはできないでしょう。ほとんどの水はボトルの外にこぼれてムダになってしまいます。このように、一度にたくさんの情報を脳にむやみに詰めこもうとしても限界があります。ほとんどの知識は身につかないはずです。

しかし、バケツではなくコップを使ってペットボトルに水を注ぐとか、ロートを使うなどの工夫をすれば、効率よく水を入れることができます。つまり、暗記術にもコツがあるのです。せっかく身近に暗記の天才がいるというのでしたら、ぜひともそのコツを聞いてみてはどうでしょうか。何らかの秘訣がなければ、それだけの量を暗記できるはずがないのですから。

ただし本当に重要なことは、「暗記する」という行為そのものではなく、その知識を今後「いかに活かすか」であることを忘れてはいけませんが。

3—4 感動的学習法

扁桃体を使った記憶力増強は、動物の進化の過程でじっくりと培われたものですから、その効果はとても強力です。皆さんもこれを利用しない手はないでしょう。

たとえば、「一八一五年、ナポレオンはセント - ヘレナ島に流された」という教科書上の知識も、それを単に丸暗記するのではなく、そこに感情を交えて覚えましょう。数々の作戦に失敗したナポレオンの無念さを実際に思い浮かべ、さらに島流しの刑を、自分自身が罰せられているのように嘆かわしく思えば、脳はこの知識を自然に記憶しようとします。

わざわざ教科書の内容なんかにいちいち感傷的になって涙するなんてアホらしい気もしますが、しかし私たちの脳には、実際にそういう事実を強く記憶しようとする性質が備わっているのです。生物学的にも理に適っていますし、脳への負担も少ない方法です。このとき、ついでにナポレオンに興味を抱いて、シータ波まで出せればもう完璧です。

ところで、皆さんの周りには、テストが近づくとふだんではとても覚え切れない量の知識を一気に詰めこめられる人はいませんか。これは、テストに対する不安感や危機感が扁桃体を活性化して、記憶力が爆発的にアップしている状態です。もちろん、このアクロバットはすべての人に可能なわけではありませんので、自分にもその能力があるとは思わない方がいいでしょう。

それどころか、すでに述べたように、テスト直前の詰めこみには多くの難点があります。覚えていますか。無理に詰めこんだ知識は、すぐに消えてなくなってしまうのでしたね。しかし、ほかにも悪影響があります。

それはストレスです。LTPはストレスには勝てません。強いストレスがかかるとLTPは起こらないのです。つまり、記憶力はストレスによって低下してしまうわけです。こうして眺めてみても、切羽詰まったテスト勉強は、最悪の勉強法であることが分かりますね。

だからといって、テスト前に念入りにプランを練って、余裕のありすぎるスケジュールを立ててしまうのも、また考えものです。緊張感が持続せず、やる気が沈滞してしまうのです。これもまた記憶にとっては好ましくありません。

「油断―それが人間のもっとも身近にいる敵である」と文豪シェイクスピアが戯曲を通して語っているように、マンネリ化せず、適度な緊張感を保ちながら、LTPを起こすシータ波（興味）と扁桃体（感情）という二つの秘訣を適切に活用して勉強することが、効率よく学習できるコツなのです。

体験談⑧

受験恐怖症

僕は中学受験でも、高校受験でも失敗した。だから、どんなことが起きても合格できるだけの実力をつけておこうと頑張っている。でも、どんなに頑張っても、どんなに模試でよい成績をとっても、本番の入試になるとどうしても失敗しそうな気がするのだ。

同じ兄弟なのに兄はまったく正反対だ。高校も大学も模試でＤ判定だったのに合格した。兄はずっと野球をやっているので、「本番の入試は、３年間汗と泥にまみれて練習してきた成果を発揮できる甲子園だと思うと、早くその日が来ないかとわくわくする。甲子園を楽しむという気持ちでやったら、テスト中にいろんなことを思い出した」という。なんともウラヤマしい性格ではないか。（高２・千葉）

著者からのコメント

これは発想の転換をするのが一番です。とはいっても一朝一夕にできるものではないですから、勉強とは関係のないところで、ポジティブシンキングの自己啓発をしてみるのがよいかもしれません。

また、「あがり症」の人は場数を踏むことがよい薬となります。模試だけではなく、実際の受験として数をこなすということです。志望校を一つに絞らずに、志望大学を複数にして受験するとよいでしょう。また、大学受験に限らず、英検などの資格試験にも積極的にチャレンジして、試験本番であがらないような自分なりの心の準備方法を身につけてください。

いずれにしても、もっとも大切なことは「自信」です。確信や根拠なんてなくてもいいんです。「自分はできるんだ！」と自己暗示をかけるのです。スポーツ選手がよく使う心理作戦ですね。

3―5　危機的学習法

最後に、扁桃体を使った記憶力増強法をもう少しだけ説明しましょう。ナポレオンになりきる方法以外にも、危機感を脳に呼び起こす方法があります。次に述べる危機感を保ち続ける方法は、皆さんの勉強に簡単に応用できるものです。

たとえば、生物にとっては「空腹」は危機的状態です。「腹が減っては戦《いくさ》はできぬ」と言いますが、実際には腹がすいているときの方が記憶力が高まっています。もちろん、あまりにも飢餓状態ではマズいですが、朝昼晩の食事前などは脳が適度に危機を感じている状況です。

皆さんは学校から帰宅して寝るまでの間に、勉強時間をどこでとっているでしょうか。ほとんどの人は夕食をすませたあと、しばらくして勉強を始めているようですね。帰宅してから夕食までの間は、やはりだらだらと過ごしがちなのでしょうか。

しかし、これまでの話の流れから察してもらえるように、夕食前の空腹の時間こそ学習の格好の時間帯なのです。一方、食後は満腹になって危機感が減少するだけでなく、胃や腸などに血液が集中するので、頭脳の活動が低下してしまいます。

空腹だけでなく、部屋の温度に関しても危機感を応用できます。一般に、動物は寒いときに危機感を感じます。冬になると獲物にありつけないということを本能的に知っているからでしょう。

　ということは、部屋の温度は若干低くした方が、学習効率が高まるということになりますね。もし夏ならクーラーのよく効いた涼しい部屋で、逆に冬はあまり暖房を効かせすぎない方がいいでしょう。受験前の正月シーズンに、コタツに入ってお茶をすすりながらヌクヌクと勉強するのはあまりお奨めしません。

　また、室温が高いのは危機感が減るだけではなく、頭部全体の血流が変化してしまって、脳の活力が低下します。脳温と室温にある程度の差がないと、頭はうまく働いてくれないのです。古来言われて来た通り、頭寒足熱《ずかんそくねつ》が原則です。

　危機感を利用した学習方法として、空腹と室温を取りあげてみましたが、皆さんも独自にこうした方法を工夫して、さまざまな場合に応用してみてください。意外なほどよい効果が現われるでしょう。もしよい方法を思いついたら、ぜひ私にも教えてください。とにかく、これは動物の長い長い進化の過程で培われた性質を利用している方法ですから、その効果は確実に保証されています。

脳心理学コラム6

情動喚起

自分の過去の記憶を思い返してみると、楽しかったことだとか辛かったことなどの感情が絡んだ記憶が多いことに気づくと思います。いわゆる「思い出」と呼ばれる記憶です。喜怒哀楽などの感情は、脳の奥深くに潜むアーモンド状の形をした「扁桃体」という脳部位から生まれます。扁桃体が活動して感情が高まると、その神経信号が「思い出」という記憶を作り出します。つまり、喜怒哀楽など感情の起こっているときには、記憶が形成されやすくなります。扁桃体を使うと暗記しやすくなるというわけです。

しかし、扁桃体の効果はそれだけではありません。扁桃体が活動すると「記憶力」だけでなく、なんと、「集中力」までも高まるのです。扁桃体は、前頭葉（大脳皮質の一部）にも信号を送って、ものごとに対する集中力を持続させます。つまり、感情を呼び起こしてくれるものは飽きにくいのです。映画でも小説でも同じですね。感動しているときは飽きずに最後まで鑑賞できます。こうした効果を「エモーショナル・アラウザル（情動喚起）」と言います。

つまり、飽きないように勉強を続けるためには、感情を高めるような工夫をすればよいのです。たとえば、語呂合わせを作るときには、ひたすらオヤジギャクに走るとか、内容をちょっぴりエッチなものにしてみるなどの工夫が考えられます。そういう意味で『古文単語ゴロ５１３《ゴサーティーン》』（東進ブックス）は名（迷）参考書のひとつとして、皆さんにもぜひお奨めしたいです。その内容もさることながら、エモーショナル・アラウザル法とはどういうものかということを実体験するのにも最適です。

第4章

ファジーな脳

学習するイヌ（ビーグル犬）

4―1　記憶の本質

この章では、動物の脳がもっている基本的な性質を学び、それを通じて最適な学習方法を考えてみましょう。

ダーウィンが唱えた「進化論」を知っているでしょうか。人間は聖書に書かれているように神が創ったものではなくて、下等な動物から少しずつ進化して、高度な動物に成長したという学説です。ダーウィンによれば、植物を含めてすべての生き物は、同じ起源をもっているということになります。

「脳」という体の一部をとってみても、これは当てはまります。脳は、はじめは虫のような小さな動物の中で生まれ、しだいに複雑な機能が付け加わり、そしてサイズも大きくなって、最終的に人間の脳が完成したのです。人間の脳も起源をたどれば、より下等な動物の脳にその原型があると言えます。つまり、人間の脳の「本質」は動物の脳の中にあるということです。

さて、ここからが重要です。下等な動物の脳はより単純です。つまり、下等な動物の脳は、より生命に重要な機能だけで成り立っているというわけです。ということは、動物の脳の性質をしっかり観察すれば、人間ではうまく観察できない「脳の本質」が見えてくるということになります。

人間の脳には、生命維持の目的とは直接関係のない高度な意識や能力が備わっているので、その本質が隠れてしまっています。だから人間の脳を眺めているだけでは、脳の本質は理解できないのです。そこで研究者は、研究材料として人間以外の動物を使います。ナメクジのような虫から、サルのような人間に近い動物までさまざまですが、ここではイヌを使った実験を紹介しましょう。イヌの学習をみていると、脳の意外な側面が見えてきます。

脳心理学コラム7

外発的動機

アシカや猿などの動物に芸を覚えさせるときには、しばしば「エサ」という報酬を使いますね。こうしたご褒美《ほうび》のことを心理学では「外発的動機」と言います。

外発的動機は、学校の勉強においてもよく利用されているようです。「苦手な国語で80点とったら、好きなものを買ってやる」と親に言われてガンバっている人もいるでしょうし、「テストが終わったら遊園地に行こう」と自分を鼓舞する学生もいるでしょう。

こういう方法は動機が不純でよくないという人がいるようですが、外発的動機を利用する方法は、心理学的には有効な手段であるとされています。実際に、外発的動機がないと、学習能力がひどく落ちてしまうことが確認されていますし、動物ではまったく学習できなくなってしまうことがふつうです。

ところで外発的動機は、何も目に見えるご褒美である必要はありません。何かをやり遂げたという「達成感」もまた外発的動機となります。実際に、目標を達成したときに感じる喜びは十分な報酬に値しますよね。ですから、勉強においては必ず学習目標を設定すべきでしょう。「目標は高い方がよい」とよく言われますが、これでは達成して報酬を得る回数が減るばかりか、達成できずにむしろ挫折感ばかり感じてしまうことになりかねません。ですから、大きな最終目標以外にも、小さな目標、達成可能な目標を随時掲げていくことが大切です。

私は、毎日毎日小刻みな目標を、達成できるような低いレベルで設定して勉学に励んでいます。そんな毎日のささやかな報酬があればこそ、あきらめずに最終目標に向かって進んで行くことができるのです。

4―2　失敗にめげない前向きな姿勢が大切

イヌを飼ったことがある人なら知っていると思いますが、この動物はなかなか利口で、複雑なことを学習することができます。

ただし、イヌにものを覚えさせるには何か報酬が必要です。エサをあげるとか、散歩に連れて行くとか、撫《な》でてあげるとか、そうしたイヌが喜ぶような報酬です。ここでは、エサをご褒美にして、ひとつ課題を出してみましょう。

図に描いてあるようなテレビの画面をイヌに見せます。この画面の脇にはレバーが付いています。この装置は、画面に「丸い図形」が点灯した時にレバーを押すと、ご馳走がもらえるような仕組みになっているのです。人間にとってはとても簡単な装置ですが、イヌにはちょっと難しい課題です。なぜなら、エサのありつき方を「言葉」で説明してやることができないからです。逆に、だからこそ、脳の「学習」の本質が見えてくるわけです。

さあ、実験に使われたこのイヌは、どうやってご褒美にありつくのでしょうか。このようにして、イヌが学習していく過程を観察することで、とてもおもしろい事実が分かってきました。

イヌの世界は、人間のように高度な文明が発達しているわけではありません。もちろん、テレビ画面は生まれてはじめて見る機械です。目の前のレバーがどんな意味があるのかも知りません。というより、レバーはそもそも押すものであるということさえも知らないのです。しかもモニターには、突然に丸い図形が点灯します。まさに、戸惑うばかりです。

そんなあるとき、偶然にレバーが押されておいしいエサが出て来ます。単なる偶然です。しかしこの偶然が何回か続けば、イヌは「レバーを押すこと」と「エサをもらえること」に関係があることに気づきます。ここまでが学習の初めのステップです。

つまり、学習とは「ものごとの関連に気づくこと」だと言えますね。今まで独立していた事象が、頭の中でつながることが学習の正体なのです。この課題ではレバーとエサの関係です。たとえば、英単語の暗記でも同じことです。「go」＝「行く」というように、英語と日本語の結びつけを行うことこそが、まさに「学習」なのです。

さて、学習の最初のステップをクリアーしたイヌは、次にどんな行動をとるでしょうか。

レバーとエサの関連に気づくと、イヌはエサほしさにレバーを何度もひたすら押すようになります。しかし、レバーを押したからといって、いつでもエサがもらえるわけではありません。なぜならこの装置では、画面に図形が点灯していないときには、レバーを押してもエサが出て来ない仕組みになっているからです。イヌは何度か失敗を繰り返すうちに、ある時、この事実に気づきます。

そして、ついに画面点灯とレバーの関係を理解して、イヌはこの学習課題をこなせるようになります。覚えるまでに何十回、何百回という試行錯誤を繰り返します。ああでもない、こうでもない、とさまざまな失敗をして、その結果、画面点灯とレバーの関係に気づくのです。いきなり成功することは絶対にありません。失敗した原因への疑問とその解決策を考えながら、答えを導くのです。

つまり、ひとつの成功を導き出すためには、それだけ多くの失敗が必要なのです。こうした数多くの失敗がなければ正しい記憶はできません。「失敗しない人は常に何事もなしえない」（フェルプス）との言葉通り、記憶とは「失敗」と「繰り返し」によって形成され強化されるものなのです。

皆さんの勉強に関してもまったく同じことが言えます。繰り返すこと、つまり「復習」が大切だということはすでに述べましたが、それと同時に「失敗」することもまた重要なのです。つまり問題を解き間違えたり、ケアレスミスをしたり、テストで悪い点数を取ったりすることです。

失敗したら、そのたびに次の手を考えて、そしてまた失敗して、また解決策を考えて…といった具合です。失敗数が多ければ多いほど記憶は正確で確実なものになっていきます。偶然が重なって、たまたまテストでよい点数をとったとしても、それはあなたにとって何の得にもなりません。

ですから、もし皆さんがテストで悪い点数をとってしまったとしても、クヨクヨする必要など全くありません。それは損したというよりも、むしろ得したと思い直すことです。ただし、最悪のケースは、失敗したことを次回にどう活かすかを考えない人です。失敗したら、なぜ失敗したのかに疑問をもってその原因を解明し、その解決策を考えることが肝心です。イヌでさえ失敗してもクヨクヨせず、いつも次の手段を考えています。その姿勢こそがより早く正解にたどりつく秘訣です。

そうです！「深い思案」と「楽天性」の両方を併せ持つことが勉学には重要なのです。

いつも自分を磨いておけ。あなたは世界を見るための窓なのだ。　ショー（劇作家）

脳心理学コラム8

特恵効果

　食事のとき、好きな物を先に食べますか、それとも最後に食べますか。

　教育心理学の言葉に「特恵効果」というのがあります。変わった用語ですが、意味していることは簡単です。それは「得意な面を活かして学習する」ということです。苦手な分野をクヨクヨと悩むよりも、得意とする部分を素直に活かす方が、全体として成績の伸びが上昇します。勉強で言えば、どうしてもできない部分には目をつむってしまうのが得策であるということです。

　特恵効果は、こうした長期的な勉学だけでなく、テスト中などの短い時間にも応用できます。つまり、テストの本番では、得意な問題を確実にモノにするために、得意な問題に最初に手をつけるべきなのです。得意な問題を解いていくうちに集中力が高まるのはごく自然なことです。

　おいしい物を最後に残すのは食事のときだけにしましょう。

4―3　コンピュータと脳の違いとは

第1章で説明したように、脳もコンピュータも情報を「保存（記憶）」することができます。RAMやハードディスクなど、いくつかの共通点もありました。

しかし、イヌの実験を通して皆さんが知ることができた脳の性質は、コンピュータとはずいぶん異なるようです。なぜなら皆さんもよく知っているように、コンピュータは一回の記憶で完全に学習できます。コンピュータで書いた文章やグラフィック、ゲームのデータなどは、一回のセーブできちんと保存できます。しかも、間違えたりしません。もちろん、先ほどイヌに出した課題くらいは楽にこなせます。たとえば、ロボットに内蔵されたコンピュータのプログラムに「画面に丸い図形が点灯したらレバーを押しなさい」と指令すれば、イヌのように何度も試行錯誤することなく、すぐに任務を果たします。ミスはしません。たった一回の学習で正解を完璧に覚えることができるのです。

ここでちょっと専門的になりますが、脳の神経回路とコンピュータの電気回路の違いをはっきりさせておかなければなりません。

すでに述べたように、コンピュータはすべての情報を0と1のデジタル信号に置き換えて処理します。そして、片っ端から何でもかんでも保存することができます。言われた通りにきちんと保存するので、白か黒か、○か×か、決っして間違うことはありません。

ところが人間の脳は忘れっぽいばかりか、判断が白か黒か曖昧《あいまい》であったり、答えをしょっちゅう間違えてしまいます。どうも経験的に言って、脳とコンピュータは情報処理の仕方がだいぶん異なるようです。そのしくみを説明してみたいと思います。

人間の神経回路の中を流れるのは、コンピュータと同じ電気信号です。ただコンピュータは電子の流れであるのに対して、人間の神経ではイオン（ナトリウムイオン）です。しかし、どちらもデジタル信号なので、初めと終わりで情報自体に変化が生じない点では同じです。

しかし、ここから先が違います。人の神経細胞どうしは神経線維で回路を作っていますが、個々の線維は物理的には接していません。神経回路は、電気回路のように回路全体がつながっている連続体ではなくて、線維と線維の間は途切れていて、わずかながらすき間があります。ですから線維を伝わってきた電気は、その境目で次の神経細胞へ乗り継ぎをしなければなりません。たとえば、青森から博多まで電車で行こうとするとき、直通の電車がないから途中の駅で乗り換えをしなければならないというようなものです。

神経回路では、その乗り換え駅のことを「シナプス」とよびます。シナプスの間隔は髪の毛の五〇〇〇分の一ほどの狭いすき間とは言え、電気は通りません。

そのすき間は、アセチルコリンとかグルタミン酸といった化学物質によって、電気信号を置き

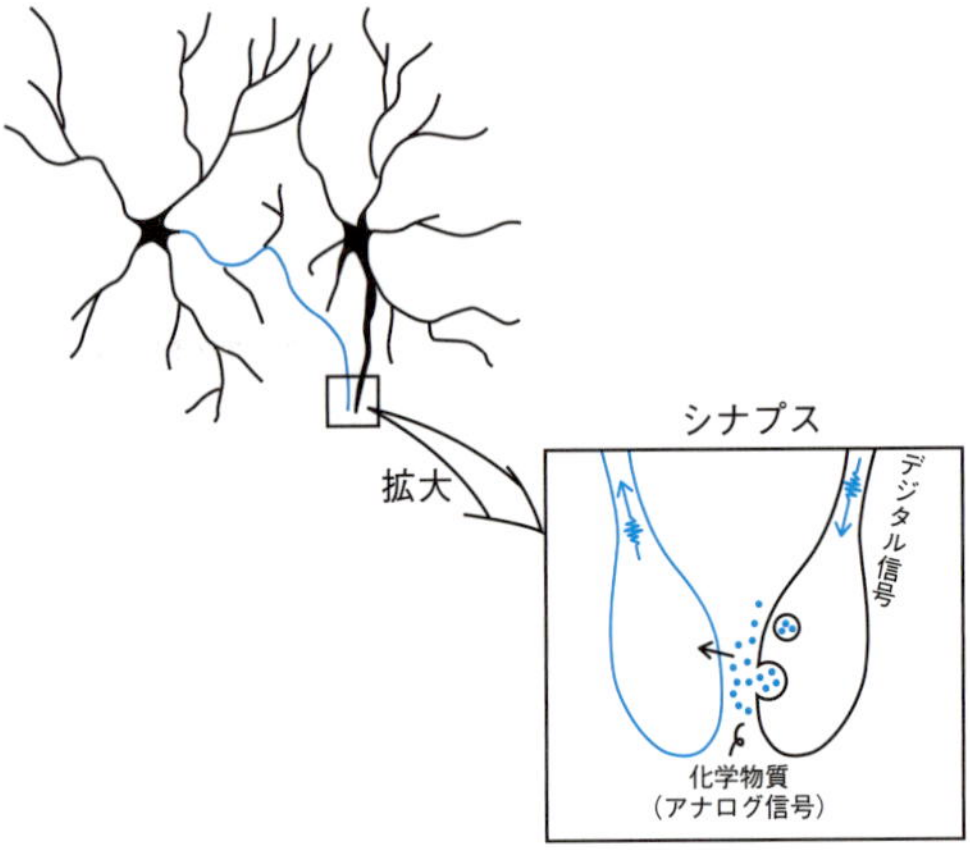

化学物質の量で信号の強弱が決まる！

換えて情報がバトンタッチされています。その際、もし電気信号が弱いと、化学物質が少しか放出されないといった「翻訳」がなされています。つまり、シナプスだけはデジタル信号ではなくて、アナログ信号になっているのです！

コンピュータのように、すべて0か1かのデジタル信号で何でも機械的に忠実に信号を伝える方がよいはずなのに、幸か不幸か人間の神経ではシナプスでアナログ信号が使われているのです。

じつは、これこそが人間が万物の霊長たる所以のひとつなのです。すなわちコンピュータとは違って、信号を伝える強さを微妙に調整する自由が与えられているわけです。受け取ったバトンをリレー選手のように、そのまま単純に次に受け渡すのではなくて、送る情報量を選択しているのです。まさに、それこそが「考える」

ということにほかならないのです。

一方で、アナログ信号を使うということは、情報が変わりうるということを意味しています。つまり曖昧になってしまうのです。

このような性質をもっている脳では、正解を導くためには試行錯誤が絶対に必要になります。失敗をして、その原因を考えつつ、次に作戦を考え、そしてまた失敗をして…という具合です。

もう、分かったでしょう。つまり、脳の記憶とは「消去法」なのです。あれはダメ、これも違うとどんどん間違いを消していって、正解にたどり着くという方法です。

だから学習に必要な要素は、「失敗に負けない根気」と「解決する能力」、そして「楽天的な性格」なのです。ここまで読んで落胆した皆さんもいるかもしれませんね。「なんだよ、結局はそれかよ」と。残念ながら、その通りなのです。

しかし、がっかりするのはまだ早いようです。イヌの学習を早くする方法があるのです。それこそが効率的な学習方法の秘訣になります。

体験談⑨

「おもしろい！」と思える瞬間

どんなことも「おもしろい！」と思えるまでには、一定の時間と努力が必要なのではないだろうか。僕たちが今、高校で受けている授業は、ほとんど自分から「おもしろい！」と思って始めた勉強ではない。

考えてみれば、「学校が履修科目にしているから」か「大学入試の受験科目になっているから」ということで、まったくの受け身で勉強している。定期試験が終わったらどんどん忘却のかなたに消えていくような勉強なんてどれだけ意味があるのだろう。実業高校や専門学校で好きなことだけ徹底してやっている人の方が得をしているような気がしてならない。

1年間受けて、一度も「おもしろい！」と思えなかったとしたら、3年後にはほとんど、10年後にはすべて忘れてしまっているだろう。とすれば、1年間に費やした「50分×4時限×35週」はムダな時間になってしまうのか。

そう思うとやるせないので、「おもしろい！」と思えるまでトコトン突っ込んでみることにした。「おもしろい！」の瞬間にこのオセロゲームは大逆転するからだ。（高2・愛媛）

著者からのコメント

すばらしいことです。元米大統領のリンカーンも「こうして人間に生まれてきたんだから、やはり何か生きがいが感じられるまで生きている義務がある」と言っています。せっかく同じ時間をかけて勉強するのなら、その努力をムダにしないことは重要な考え方です。

オセロゲームとはとてもおもしろいたとえですね。現実的なことを言えば、将来、好きなことを専門にして勉強しても、ツラい局面に直面することも多いはずです。そうした時には、このように努力を貫けるだけの根気と確信がやはり大切です。これからも、がんばってください。

寒さにふるえた者ほど太陽を暖かく感じる。

ホイットマン（詩人）

４−４　自分の学力を客観的に評価しよう

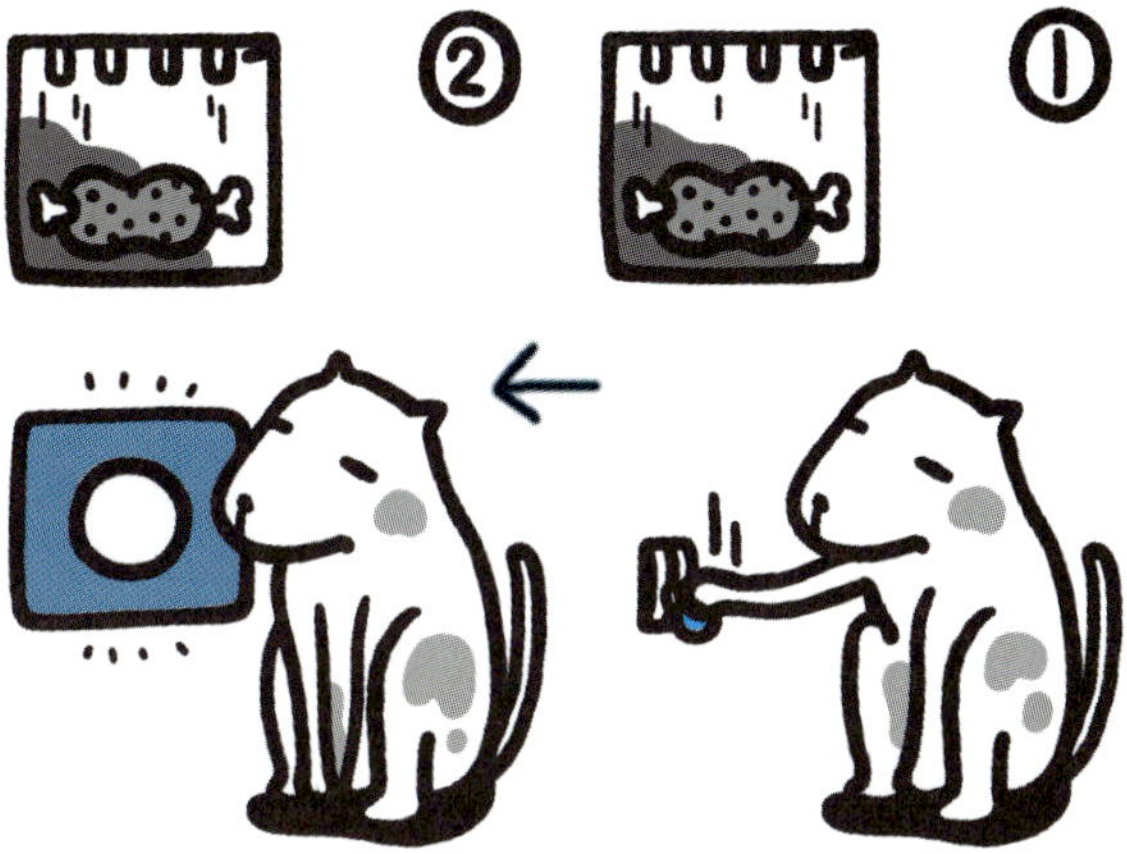

イヌに早く課題を覚えさせるための秘策とは何でしょうか。

それは簡単なことです。教える手順を分解すればよいのです。要するに、学習をステップごとに分けて、少しずつ覚えさせるわけです。

先にも述べたように、いきなりテレビの前にイヌを座らせて画面を点灯し、エサとの関係を学習させようと試みても、そう簡単に覚えてくれるものではありません。何百回もミスをしてしまうイヌもいます。なぜでしょうか。それは、この課題には二つの因果関係があるからです。つまり、「レバーとエサ」の関係と、「画面点灯とレバー」の関係の二つです。

先に、「学習とはものごとの関連性に気づくことである」と言いました。独立していた事象をつなげることです。ということは、今回のイヌの課題は、二つの学習を同時にやらせていることになります。レバーを押せばエサがもらえることと、図形が出たらレバーを押せということです。これではイヌにとって難しいのはあたり前でしょう。

ですから、効果的に覚えさせるためには、この二つの手順を分解してひとつずつイヌに教えるようにします。

まずは、画面の点灯とは関係なくレバーを押しさえすればエサが出てくるように設定した装置の前で、課題を完全に覚えさせます。そしてこれを学習したあとで、エサと画面点灯の関係を覚えさせればよいわけです。このようにすれば、イヌの学習が格段に早くなります。

つまり、二つの関係を同時に覚えさせるのではなくて、一つひとつの段階を分けて覚えさせれば、学習効率がよくなるということです。そうするとイヌは、一〇分の一くらいの失敗数で完全に覚えるようになります。たった一つのステップを加えるだけで、なんと学習効率が一〇倍にもアップするのです。

これは学校の勉強に応用できます。

いくら遠回りに感じられても、きちんと学習手順を踏んだ方が、結果的には失敗の数が少なくてすむということです。ですから、いきなり高度なことに手を出してはいけません。しっかりと基礎を身につけてから、少しずつ難易度を上げていった方が最終的にははるかに早く習得できるのです。

このように手順を分けて覚える方法を「スモール・ステップ法」と言います。

ステップを分解すればしただけ、その効果は大きくなります。イヌではたった二つに分解しただけでも、一〇倍の成績が得られました。さらに細かく分解できるようであれば、その効果はもはや計り知れません。

実際、学校の教科書は基礎から応用へと流れるようなステップで進行されています。しかし、書店で売っている参考書には、使用する学生に応じてさまざまなレベルのものがありますから注意が必要でしょう。一年生がいきなり受験生用の参考書に手を出すのは無謀です。早く高度なことを習得したい向上心は認めますが、それは決して効果的な勉強法ではありません。かえって遠回りになるのです。

何かを理解しようと思ったら、遠くを探すな。

ゲーテ（作家）

スポーツでも楽器でもそうですね。何か新しいものを習うときには、必ず手順というものがあります。サッカーボールを蹴ったこともないのに、いきなりオーバーヘッドキックの練習から始めても、習得には時間がかかるでしょう。いや、ケガをして何か月も進歩が止まってしまうかも知れません。自分が今どこまでできて、どこからができないのかを正確に把握して、その弱点を少しずつ克服するように心がけましょう。

「人間のもっとも偉大な力とは、その人の一番の弱点を克服したところから生まれてくるものである」とアメリカの識者レターマンが語っているように、何よりもまず、自分の学力レベルをしっかりと見極めることが大切なのです。

もし数学が苦手で、その学力がまだ小学生レベルであったとしたら、高校生向けの教科書や参考書を使って勉強したところで、チンプンカンプンなはずです。どんなに努力してもほとんど数学の成績は上がらないでしょう。そういう場合は、よけいなプライドは捨てて、小学生用の算数ドリルを解くことから始めるべきです。そうすれば、最終的に費やす勉強時間は少なくてすみますし、学習時間に見合った成果が得られます。

まずは自分の弱点を知る。そして、その弱点を少しずつ克服する。ゴールだけを遠くから眺めて気ばかり焦るのは絶対に禁物です。常にスモール・ステップ法を心がけるようにしましょう。「やるべきことは、遠くにぼんやり見えるものを見ることではなく、手近にはっきり見えるものを行うことである」とは史学者カーライルの言葉です。大きな目標だけではなく、達成しやすい小さな目標も作って、少しずつ前に進んでいくのが脳にとって効率のよい方法です。なにごとも一歩いっぽです。

先ほど、私たちの神経細胞は、電気信号がシナプスに来るたびにどのくらいの情報を次に送るべきかをいちいち考えると述べました。

脳はコンピュータのように、そっくりそのままを送ったり保存したりするのではなく、「似ているもの」を覚えるために「似ていないもの」を消去していきます。そのために、人間はコンピュータと違ってしょっちゅう間違えるのです。まさに人間的な存在ですね。

「分かる」とはどういう状態のことか。「分かる」は取りも直さず「分けられる」のことです。だから、皆さんは「わからない、わからない」とボヤく暇があったら、「分ける」ことです。分かるところまで遡《さかのぼ》って、そこからやり直すことです。そういうときには『はじめから～』という書名の参考書がいいでしょう。

「わからない」のは「分けられない」ことだから、とにかく小さく小さく刻むことです。そう、スモール・ステップ＆パーフェクト・マスターが最善最短なのです。大局をつかんで、それを大きくいくつかに切って、さらにそれを小さく刻む。一つひとつ手順を踏んで積み上げていくことです

勉学とは、いわばレンガを積んで少しずつ家を建てるようなものです。ハリボテの家は風がく

れば吹き飛んでしまいますが、レンガで造られた家はそう簡単には崩れません。

体験談⑩

ハイレベル参考書VS7割がすでにできる参考書

出遅れた感があったのでいきなりハイレベルの参考書を買ったけど、時間ばかり食ってちっとも進まない。そこで、今度は書店でぱらぱらと立ち読みして、7割くらいできそうな問題が並んでいる問題集を買って来て2週間でやりきったら、なんと偏差値が10も上がってしまった。

2冊目の問題集を買ったおかげで九五〇円ソンをしたが、思い切って買い替えてよかった。（高3・愛知）

著者からのコメント

そうですね。自分に合った問題レベルの参考書を選ぶことは、とても大切なポイントです。目標ばかり高く掲げて、難しい問題集の前に悶々としている人を時々見かけますが、あまり感心しません。時間のムダであるといってもよいでしょう。

どんな場合でも、お金には換えられない貴重なものがあると認識してください。ただ、この体験談の場合は、はじめに買った参考書は、将来、自分がそのレベルに達したときに使えるので、ソンしたなんてことはありません。いずれにしても、現在の自分の状態に対する判断を誤らないことが重要です。詳しくは、本文中のスモール・ステップ法の項を参考にしてください。

脳心理学コラム9

作業興奮

神と悪魔が闘っている。そして、その戦場こそは人間の心なのだ。
ドストエフスキー（作家）

心の葛藤は勉強でも常に生じています。「勉強しなきゃいけないのは分かっているけど、どうしてもヤル気が出ない」と感じることはありませんか。実際に、「ヤル気」は勉強の原点であるといってもよいくらい重要な要素です。

ヤル気、つまりモチベーションは、脳の「側坐核」という場所で作られます。側坐核は直径1センチメートル以下のとても小さな脳部位で、脳の中心近くに存在しています。この側坐核の性質がやっかいなのです。側坐核を活動させるためには、ある程度の刺激が必要なのです。刺激が来ないと十分な活動を起こしてくれません。

ですから、何もしないでいて「ヤル気が出ない」というのは、もっともなことです。刺激を入れなければ側坐核は活動しないので、ヤル気の出ようがないのです。ですから、ヤル気が出ないときには、まずは何より机に向かって勉強を始めてみましょう。とにかく側坐核を刺激するのです。そうすると、しだいにヤル気が生じて勉強に集中できるようになっていきます。まさに、「案ずるより産むが安し」ですね。

たとえば、皆さんにも、嫌々ながら掃除を始めたにもかかわらず、そのうちに気分が乗って、部屋をすっかりきれいに片づけてしまったという経験があるでしょう。

こうした現象は心理学者クレペリンによって発見され、「作業興奮」と名づけられました。何事でも、始めてからしばらく経つと少しずつ調子に乗って集中できるようになる。これが作業興奮です。側坐核が目を覚ますのには時間がかかります。だから、とにかく勉強を始める。そして、始めたらしばらくは中断しないことが肝心なのです。

4—5　記憶はもともと曖昧なもの

スモール・ステップ法は学習を効率化する方法です。

しかし、手順を踏むと成績が上昇するというこの事実はまた、コンピュータの記憶とはまったく異なります。コンピュータは、それがたとえ多段階で複雑な手順でも、試行錯誤することなく一回の記憶で完全に習得することができます。しかも驚くほど正確無比です。一方、脳は、失敗を重ねて一つひとつ手順を踏まなければなりません。

こうして考えると、コンピュータの記憶力はなんとすばらしいのだろうと羨《うらや》ましくなってきますね。逆に、人間の脳がどうして「消去法」などというマヌケな学習方法をとっているのかと恨めしくさえ感じます。そのせいで、テスト前に思い通りに記憶できなくて苦い思いをするのですから。

動物は進化の過程で、なぜこんなに不完全な脳を創ってしまったのでしょうか。次に、この理由を考えてみましょう。脳のこうしたちょっぴりマヌケな性質には、じつに深い理由があるのです。

その理由を探るために、ここでイヌに新たな課題を出してみましょう。画面に点灯する図形を変えてみるのです。今までは「丸い図形」を画面に点灯させていました。丸い図形が見えたときにレバーを押せば、エサがもらえるということを教えていたのでしたね。そこで、次に「三角形」を点灯させてみましょう。さて、どうなるでしょう。イヌは三角形を見るのははじめてです。

しかし、イヌは三角形を見ても何も動じることなくレバーを押します。一見なんの変哲もないこの実験結果には、脳の本質に関与するある重要な事実が隠されています。

この実験結果は、イヌにとっては円形であろうと三角形であろうと関係なかったことを示しています。あくまでも画面の点灯に反応していただけだったということです。

これが、脳がコンピュータと異なる最大の点なのです。コンピュータにとっては円形と三角形では大違いです。ですから、コンピュータに「画面に丸い図形が点灯したらレバーを押しなさい」と教えこんだら、三角形が点灯したときには反応しません。

そう言われてみれば、「お手」や「お回り」などの芸ができるイヌは、なにもそれを習うときに聞いていた声色《こわいろ》でなくても、ほかの人に「お手」と言われれば芸をこなすことができますね。声色は誰のものでもよいのです。脳の記憶はコンピュータとくらべて、かなり大ざっぱでいい加減であると言えます。丸も三角も区別していないのです。

一般に、記憶とは厳密なものではなく、むしろかなり曖昧で適当なのです。これこそが脳の記憶の「本質」なのです。それでは次に、この本質の意味について考えてみましょう。

体験談⑪

アメとガムで敵に勝つ

先輩から、大学入試にはぜひアメかガムをもって行けと教わった。何でも、脳はやたらにエネルギーを食うらしいのだが、一番エネルギーに換えやすいブドウ糖しか受け付けないんだそうだ。アメというのは化学的に言うとショ糖で、ブドウ糖の分子が2つくっついたものだから、なめれば即、脳を働かせるエネルギーになるという理屈だ。

ガムは噛んでいると頭が冴える。それは、奥歯を噛みしめることによって、脳に送られる振動が脳を目ざめさせるのだそうだ。逆に、テキやカツは消化のために胃腸に血液をとられて、脳にそのエネルギーが回ってくるのは、試験が終わった後だそうな。

どこの落語家が言い出したことか知らないが、テキやカツは敵に勝ってから食べるもののようだ。（高3・大分）

著者からのコメント

ここに書いてくれたことは、科学的にほぼ正しいです。ただ、ガムは受験中に噛んでもよいのでしょうか。事前に確かめておいた方が無難でしょう。ちなみに、ショ糖は「ブドウ糖が2つ」ではなく、厳密には「ブドウ糖と果糖がひとつずつ結合したもの」です。果糖は体に吸収されると、すぐに脳の栄養源であるブドウ糖に変化します。

脳心理学コラム10

ブドウ糖

世の中には無類の甘党がいるものです。饅頭《まんじゅう》さえ食べていれば幸せになれる人、たらふく食べたあとにさらにケーキを収める別腹《べつばら》を持っている人などなど…。皆さんの周囲にもいませんか。

いわゆる三大栄養素には、「タンパク質」「炭水化物」「脂肪」があります。どれも体にとっては重要なものばかりです。しかし、脳が必要とする栄養はただ一つ「ブドウ糖」だけ、つまり糖分や炭水化物なのです。脳は体の中でもっとも大切な組織に位置づけられているようで、毒や免疫などが侵入しないように頑丈に守られています。タンパク質や脂肪でさえうまく脳に入り込めません。すこしでも危険性のある物質は、脳には侵入できないのです。つまり、脳が選んだ唯一の安全な栄養素が「ブドウ糖」だったのです。

もうお分かりでしょう。ブドウ糖が足りなくなると、脳の活動力が低下してしまうのです。ですから、皆さんも脳に栄養を補給することに気を使わなければなりません。休憩のときにコーヒーを飲む人がいます。コーヒーは脳の活動を高めてくれる魔法の嗜好品ですが、そこに砂糖を入れるとさらにベターです。ちなみに、砂糖は太ると誤解している人がいますが、決ってそんなことはありません。高カロリーだからといって太る原因になるとは限りません。太る原因はほとんどの場合が脂肪の摂取です。ダイエット中でも適度に砂糖はとり続けましょう。

また、受験の前に「勝つ」と縁起をかついでカツを食べる人もいるようですが、カツは肉、つまりタンパク質ですから、脳はこれをうまく利用できません。むしろ、ゴハンやパンやイモなどの炭水化物を食べた方がよいでしょう。とにかく脳には糖分なのです。

4―6　失敗したら後悔ではなく反省をしよう

脳の記憶の本質はその「曖昧さ」にあります。実際、イヌの実験では丸も三角も区別しませんでしたね。

しかし見方を変えると、むしろ区別する必要がなかったから、あえて区別しなかったとも解釈できます。脳の学習は、コンピュータとは違ってあくまで「消去法」です。つまり学習の過程で、三角形を消去することを習っていなかったのです。

コンピュータのように正解だけを覚える方法なら、はじめから三角形は候補から外れています。だから、三角形が画面に点灯しても無視します。

コンピュータの仕事は正確無比なのです。完璧でミスなく情報を処理します。悪く言えば、頭が固いわけです。お役所仕事です。

考えてみてください。もし、エサを食べないと死んでしまうという、絶体絶命の危機的な状況だったら、これは一大事ですね。イヌのような記憶の仕方だったら三角形でもエサにありつくことができます。しかし、コンピュータのような覚え方では餓死してしまうのがオチです。

そうなのです。記憶の曖昧さは、生命にとってきわめて重要な意味をもっているのです。生活している環境は日々刻々と変化しているからです。

変化する環境の中で動物が生きるためには、過去の「記憶」を頼りに、その場その場で臨機応変にさまざまな判断をしながら生活する必要があります。しかし変化する環境の中で、まったく同じ状況は二度と来ないのがふつうです。ですから、もしも記憶が正確無比だったら、変化を続ける環境の中では、活かすことのできない無意味な知識になってしまいます。

だから、記憶には厳密さよりもむしろ曖昧さや柔軟性が必要とされるのです。ほどよく曖昧であることが重要なのです。こうした柔軟性があるからこそ、何度失敗してもそれを活かして成功に導くことができます。これは私たちの脳に与えられた尊重すべき「権利」なのです。

「似ているもの」を覚えるために「似ていないもの」を削除していくという、なんとも手間のかかる消去法が脳に使われている理由は、まさにここにあったのです。

ですから、皆さんは自分が正確にものを覚えられなかったからといって、もちろん落ち込む必要などありません。脳とは本来そういうものなのです。いつまでもたっても、記憶には必ずどこかに曖昧な部分が残っているのです。「失敗には達人というものがいない。人は誰でも失敗の前には凡人だ」と作家プーシキンも語っているように、どんなに学問を究めても失敗は決してなくなりません。

失敗は恥ずかしいことではありません。失敗をむやみに恐れる必要はありません。失敗して

「後悔」することではなく、失敗して「反省」することが大切なのです。

ドジを踏むことは人間の仕事です。

ヴォルテール（作家）

記憶が曖昧になってしまったり、ときに消えてしまったりすることは、脳の性質上、ある程度は仕方がありません。これはそういうものだと割り切るしかありません。コンピュータのような正確無比な脳は、もはや「脳」としては役に立ちません。「何でも正確に記憶して、いつまでも忘れないのが優れた脳である」という妄想は誤解にすぎません。人間とは、本来忘れたり間違ったりするものなのです。

その欠点を補うために、人はコンピュータを開発したのです。

欠点があることは人間の長所である。

ユダヤの格言

脳心理学コラム11

初頭努力・終末努力

皆さんは集中力がどのくらい続きますか。たいていは20～60分くらいでしょう。授業時間やテスト時間がその忍耐時間よりも長ければ、集中力は途切れて当然です。

一般に、何かの作業を行うときの集中力は、初めと終わりが特に強くなることが知られています。心理学ではこの現象を、それぞれ「初頭努力」「終末努力」と呼びます。つまり、テスト開始直後は問題を解くことに集中していますし、また試験時間の終了間際も同様に仕事効率が上昇します。しかし、その間の途中の時間はわりと集中力が途絶えがちで、うっかりすると時間をムダにしてしまうことさえあります。「中だるみ」という現象ですね。これでは成績の上昇は望めません。

これを回避する秘策のひとつは、テスト時間を前半と後半に分けることです。そうすれば、初頭努力と終末努力がテスト中に2回ずつ訪れます。たとえば試験時間が60分だったときには、前半の30分でテストが終わると思い込むのです。

すると、ふだんだったら集中力が切れてしまう30分前あたりで、終末努力が起こって集中力が高まります。また、後半戦を始めたばかりの30分過ぎにも、初頭努力によって集中力が高まります。このようにテスト時間を分割すれば、集中力を長期にわたって分配することができるのです。まさに「時は使いよう」なのです。

時はその使い方によって金にも鉛にもなる。プレヴォ（作家）

4―7 長期的な計画をもって勉強しよう

脳は曖昧でいい加減なことは分かりました。それでは、イヌは永遠にテレビ画面に映った円形と三角形を区別できないのでしょうか。

もちろん、そんなことはありません。しっかりと区別させることができます。さて、どうすればよいでしょう。その教え方が分かりますか。

答えは簡単ですね。円形のときだけエサを与えるようにすればよいのです。

もちろんはじめは、イヌは三角形が点灯してもレバーを押してしまうでしょう。課題が変わったことを理解していませんから当然です。しかしこの失敗を何度か繰り返すと、三角形ではエサがもらえないことに気づきます。すると三角形は無視して、円形の点灯のときだけ反応するようになります。つまり、円と三角形の区別ができたわけです。

あとは同じような訓練を繰り返せば、「円形と四角形」や「円形と五角形」の区別もつくようになります。まさにスモール・ステップ法ですね。最終的には「円」と「微妙な楕円《だえん》」の違いすら見分けることが可能になるでしょう。しかし、もともと図形の区別ができないイヌに、いきなり円と楕円を見分ける訓練をさせても、いつまでたってもその違いを見分けるようにはなりません。

この事実もまた重要です。要するに、違いの大きなものを区別できるようになってからでないと、小さいものを区別できるようにならないのです。「勉学は道路のようだ。一番の近道はふつう一番悪い道だ」と哲学者ベーコンが語っているように、一見遠回りにも思えますが、円と楕円の違いを学習するためには、まず円と三角形の区別を覚える方が結果としては早く学習できます。脳は曖昧な記憶方法をとっているため、こうした段階的なステップを踏むことが必要になります。細かいものごとの差を知るためには、まず一度、大きくものごとをとらえて理解することが大切なのです。

これは私たち人間の勉強にも応用できます。何かを学習しようとする場合には、まずは全体像をしっかりと理解しておくことが大切です。はじめは細部を気にしなくてもいいですから、とにかく全体を大まかに把握しましょう。細かいことはそのあとで少しずつ覚えていけばいいのです。どっちみち記憶はもともと曖昧ですから、はじめは似ているものの区別はできません。

たとえば、美術に興味がない人には、どの絵も同じような絵に見えてしまうでしょう。ルネッサンス絵画だの印象派絵画だの言われても、さっぱり分かりません。しかし興味をもって絵画を見つめているると、そのうちに目が慣れてきて、ルネッサンス絵画と印象派絵画の区別ができるようになります。さらに研鑽《けんさん》すれば、モネやルノアールやゴッホなどの印象派画家の各々の差まで区別ができるようになります。

野球でもそうです。何度もテレビ中継を見てしだいに目が慣れてくれば、ピッチャーの投げたボールがストレートだったのかスライダーだったのか、見分けがつくようになります。もちろん野球を見たことがない人が、いきなりこの判定をしようと思ってもとても無理な話です。

いずれにしても、その人が特別に優れた脳をもっていたから絵画や球種の細かい区別ができたというわけではありません。それに見合った努力と訓練をしてきたからこそ理解できたのです。こうした細かい判別は大から小へと順を追って訓練さえ積めば、誰にでも可能なことなのです。

これは勉強でも同じことが言えます。たとえば、日本史を習うときのことを考えてみましょう。皆さんは、ある特定の時代の細部をいきなり理解しようとしてはいけません。はじめて習うのに、いきなり細かいことが分かるはずがないからです。もし、この原則を破って、いきなり平安時代のある細部を勉強したとしても、そこで得た情報は所詮、理解の浅い知識です。全体から切り離された断片的なものですから、役に立ちません。そんな無用な知識は脳の中からすぐに消えてなくなってしまうでしょう。

これを避けるためには、まず石器時代から現代までの全体像を大局的にとらえて、大きな歴史の流れを把握することが肝心です。それができてから、各時代の内容を少しずつ深めていくべきなのです。細かい部分などは後回しでよいのです。こうした学習方法は決して遠回りではありません。脳の性質に則ったとても効果的な方法なのです。

「大きな視点をもつ人間には、小さな失敗はほとんど驚威とならない」と一九世紀イギリスの指導者ディズレーリも言っています。もし皆さんが、有意義な記憶をできるだけ長く脳に留めておきたいと思うのなら、目前の定期テストのことばかりに目を奪われることなく、自分に合った長期的な視点で勉強計画を立てて勉学に臨みましょう。

脳心理学コラム12

BGM

音楽を聴きながら勉強している人はいないでしょうか。いわゆる「ながら族」は一般には軽蔑されがちですが、あながち悪いことばかりではありません。まずは、しっかりとＢＧＭ（バックグラウンド・ミュージック）の効果を理解することが重要でしょう。

防音壁に囲まれたまったく無音の空間におかれると、動物はふつう集中力を欠き学習能力がてきめんに低下します。気づくか気づかないか程度の小さな音（騒音やＢＧＭなど）がないと、人間を含めて動物たちは気が狂ってしまうのです。静かすぎる図書館にいくと落ち着きがなくなる人がいますが、それも無音効果によるものなのです。

しかし、だからといって、むやみにＢＧＭをかければよいのかというとそういうわけでもありません。確かにＢＧＭは精神的な緊張を和らげ、退屈感を少なくし、疲労感を感じなくさせる効果があります。とくに比較的単純な学習の場合は、ＢＧＭは集中力を高める効果を発揮します。しかし難問に取り組み、高度な判断を必要としているときにはかえってマイナスになるようです。

また、ＢＧＭの効果は人によっても異なります。一般に、音楽が好きな人にはよい効果がありますが、マニアには逆効果ですし、無関心な人にはほとんど影響がないのです。ですから、まずは暗記などのような単調作業のときにＢＧＭを流してみて、自分にとって効果があるかどうかを確かめてみましょう。

また、ＢＧＭ効果によってよく覚えられたという経験をしたら、同じような学習には同じ曲を使うとよいと思います。これが条件反射となって、テスト中に学習内容を思い出すこともあるのです。ＢＧＭは使いようです。

4—8 まずは得意科目を伸ばそう

この本では今、イヌの学習実験を通して、脳の性質のさまざまな側面を考えてきました。人間の脳の本質が、動物の脳に隠れていることを実感してもらえたでしょうか。

最後に、もう少しだけイヌの実験の話を続けましょう。なぜなら、「円」と「楕円」の区別ができるようになったイヌをよく観察すると、さらにおもしろいことが分かるからです。

円と楕円の区別ができるようになったあとでは、なんと、正方形と長方形の区別までが早く身につくのです。つまり、ある図形の細かい部分が見えてくると、ほかの形の細かいところまでが区別できるようになるのです。これも脳の重要な性質です。

そう言われてみれば人間でも、野球がうまい人はソフトボールの上達も早いですね。また、英語をマスターした人はフランス語も楽に習得できるようになります。要するに、ある分野の理解の仕方を覚えると、ほかの分野に対する理解の仕方までが上達するのです。数学でも、ある問題の解法を覚えれば、似たようなパターンの問題にもこれを応用することができます。

要するに、ものごとを応用する力が身につくというわけです。これもまた、脳が消去法を使っているからこそ可能なことなのです。つまり、要らないものを削っていくという方法は、ものごとの本質、エッセンスを残すというやり方です。だから、そのエッセンスが共通しているものにはその知識が応用できるのです。こうした高度な能力は、コンピュータにはとても無理でしょう。

こうしたことからも、脳はあるものごとを記憶するときには、その対象自体を記憶するだけではなく、同時に対象への「理解の仕方」もいっしょに記憶していることが分かります。そして、その理解の仕方を応用して、異なるものごととの間に潜む「法則性」や「共通点」を見つけ出して、ほかの対象でもより速くより深く理解することができるというわけです。

この点もまた、私たちの学習において重要なポイントになります。要するに、ひとつのことを習得すると、ほかのことの学習能力も身につくというわけです。なんと都合のよいことではありませんか。この現象は、心理学用語で「学習の転移」と呼ばれています。

しかも重要なことは、転移の効果は学習のレベルが高くなればなるほど大きくなるということです。つまり、多くのことを記憶して使いこなされた脳ほど、さらに使える脳となるわけです。使えば使うほど故障がちになるコンピュータとは違って、脳は使えば使うほど性能が向上する不思議な学習装置なのです。

勉強で言えば、ある科目のどこかの部分を十分に理解すると、ほかの部分も理解しやすくなるのです。もちろん記憶も正確になります。先ほどの日本史のたとえでは、全体像をきちんと把握した上で、まずは縄文時代をしっかりと理解したとします。すると、平安時代の理解までも楽になるということなのです。いきなり平安時代を理解するよりも、費やす時間が格段に少なくてすむはずです。このようにしてほかの時代についても少しずつ制覇していけば、最終的には日本史全体を究めることができるようになります。

さらに日本史を十分にマスターすると、こんどは世界史の習得も容易になります。そしてその効果は、社会だけでなく国語、英語、数学へと広がっていくでしょう。

どの科目でも優秀な成績をとることができる学業の優れた人は、ひとつの科目すらもマスターしていない人から見ると大天才に見えます。しかし、それはいろいろな科目の学習能力が、転移しあった結果そう見えているだけのことなのです。決して生まれつき頭がよいわけではありません。脳力は遺伝だけでは決まりません。

逆に言えば、皆さんもある科目をマスターしさえすれば、比較的容易にほかの科目の成績を上げることができるということです。つまりどの科目も均等に勉強して、平均的に成績アップを狙う方法よりも、ひとつの科目を集中して勉強して、まずはそれを究めてしまう方が長い目で見れば得策なのです。

目前にテストが迫っていると、赤点逃れのためにすべての科目に力を注いでしまいがちです。テスト前はそれも仕方がないでしょう。しかしふだんの勉強の時には、ひとつの科目になるべく多くの時間をさいて、その科目をしっかりと習得できるように心がけるのがよいでしょう。


すべてを得んとするものは、すべてを失うものである。

山名宗全（武将）

まずは、何でもいいから得意科目をひとつ作ることです。誰にも負けない得意科目を作ってから、ほかの科目の習得に挑む方が脳科学的にははるかに効果的です。

体験談⑫

教科別の仕上げ順

入試までのタイムスケジュールとして、現代文→古典→数学→英語→理社の順に仕上げていけと先輩が教えてくれた。

それによると、現代文と古典はなるべく早めに始めて、高2の終わりまでにいったんは入試レベルにもっていく。英語は時間がかかるので、高1から入試直前までの継続闘争にならざるをえない。

ただ数学だけは、センターレベルでいいのなら、典型的な問題を使って解法パターンを繰り返し暗記すればいいけど、難関大学の融合問題や見たこともないような非典型問題になると太刀打ちできない。数学はセンターレベルより少し上程度の問題まではやって、それ以上のレベルは捨てて代わりにほかの科目で稼ぐ。東大の文系では、数学0点合格者が毎年いるという。逆に、数学で少しは点を取らないと厳しいというのなら、徹底的にやる必要がある。土日や長期休暇の期間を利用して、安易に正解を覚えるのではなくて、「あでもない、こうでもない」とたっぷり試行錯誤し悪戦苦闘しなければ、1点も取れるようにはならない。

理社はまず、志望校の出題傾向やレベルを調べて、学習範囲を絞り込む。その上で、因果関係や全体の体系や流れをつかみ、ポイントを整理しながら進めていく。最後の3か月で一気に総復習して入試会場になだれ込む。（高2・福岡）

著者からのコメント

相談者は文系なのでしょうか。だとしたら、まず得意科目であるはずの現代文や古典や英語を仕上げて、入試レベルに持っていくという戦略はとても重要な考え方です。確実な科目を早い段階で確保しておくことは肝心です。これは「学習の転移」効果が生じてほかの科目の修得によい影響を及ぼすだけでなく、精神的な安心感にもつながります。直前までどの科目もモノにしていないと、焦りはじめ、勉強そのものに身に入らないという悪循環に陥ることにもなりかねません。

ただし、あまりに明確に勉強する科目の順番を決めてしまうのも逆に考えものです。なぜならば、一度入試レベルにあげた科目は、それを維持するための努力も必要ですし、また互いの科目は脳の無意識のレベルで関連していて相互に理解を深め合いますので、各科目を完全に独立して学習するのがよいとも限りません。

また、理科や社会のような暗記が多い科目を直前に多く残しておくのはちょっと問題でしょう。確かに暗記モノは直前に行った方が効果は高いのですが、あまりにも量が多いとむしろ逆効果になります。強引な暗記は知識の混乱を招いたり、もしくは十分に記憶できなくて失敗することも多いのです。これらの注意点を考慮にいれて、長期的な学習プランを立てることをおすすめします。

第5章

天才を作る記憶のしくみ

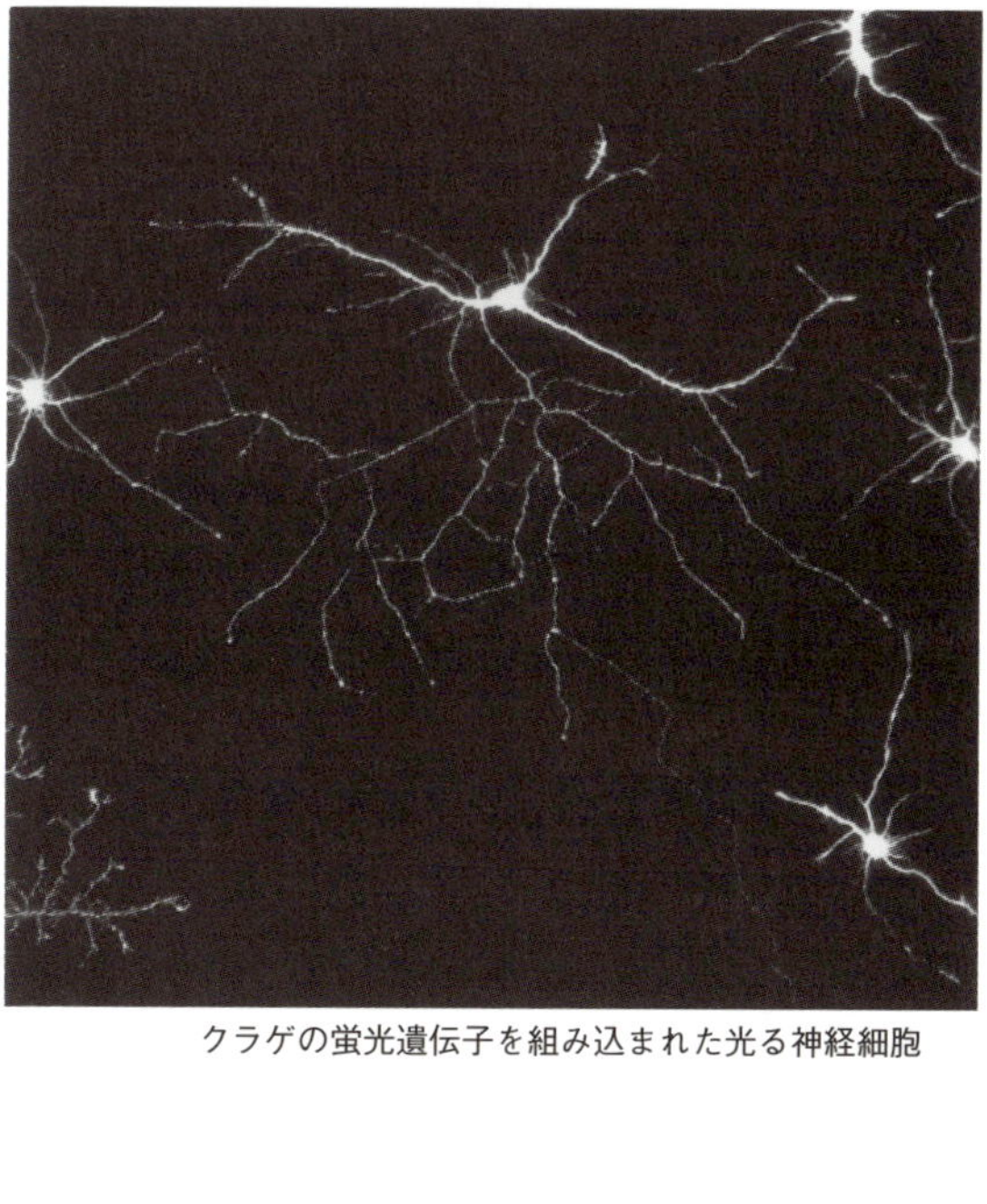

クラゲの蛍光遺伝子を組み込まれた光る神経細胞

5—1　記憶の方法を変えよう

最後の章では、記憶の種類と性質について説明します。記憶の性質を通して、脳の「使い方」を学びましょう。そこには、この本を通じてもっとも強調したいことが含まれています。自分に秘められた記憶能力を駆使するための奥義です。

まず、皆さんが「記憶」に対してどんなイメージを持っているかを実験で確認することから始めます。そのために、皆さんに自分自身の「過去の記憶」を思い出してもらいましょう。何でもいいですから具体的に思い出してみてください。さて、何を思い出しましたか。

通学中に転んでケガをしたこと。
学校のテストでよい点数をとったこと。
友達の約束を破ってしまったこと。
恋人にフラれたこと。

いろいろと思い出せるでしょう。考え続ければ、次々と思い出せるはずです。まるで自分の記憶には際限がないかのように。

もちろん、思い出す内容は人それぞれでしょう。しかし、人によってさまざまな記憶があった

としても、いま思い出してもらった記憶には、ある重要な「共通点」があります。気がついたでしょうか。さて、何でしょう。

それは、いま思い出した記憶は、どれもすべて自分が経験したことや体験したことであるということです。

「なんだあ、そんなのあたり前じゃん」と思った人もいるでしょう。しかし、これは驚くべき事実なのです。なぜなら、皆さんの脳にはもっと違う種類の記憶がほかにもたくさん詰まっているからです。

たとえば皆さんの頭脳には、三角形の面積の公式、英単語、円周率、通学路の道順、俳優や歌手の名前など、さまざまな記憶がいっぱい詰まっているでしょう。いわゆる「知識」や「情報」といった類のものです。これも皆さんの過去にたくわえられた立派な記憶のはずですね。しかしながら、先ほど、過去のことを何でもいいから思い出してくださいと私が要求したときに、こうした知識を思い出した人はいないと思います。まさか、「円周率は三・一四である」などと思い出した人は一人もいないでしょう。

つまり、「記憶」と一口にいっても、それは一種類ではないのです。簡単に言ってしまえば、「自由に思い出せる記憶」と「自由には思い出せない記憶」があるのです。

さて、ここで用語を覚えてもらいましょう。自由に思い出せる記憶、つまり自分の過去の経験が絡んだ記憶のことを「経験記憶」と呼びます。一方、何らかのきっかけがないとうまく思い出せない知識や情報のような記憶のことを「知識記憶」と言います。

皆さんはきっと「ど忘れ」をしたことがあるでしょう。「う〜ん、何だっけ？ ここまで出かかってるんだけどなあ…」などというのは、ほとんどの場合、人や物の「名前」であるはずです。これは知識記憶です。先ほどの実験でも分かったように、知識記憶は自在に思い出すことはできません。思い出すためには、必ずきっかけが必要です。きっかけが弱いと思い出せなくて当然です。ど忘れというのは、ボケの始まりでもなんでもありません。単に、知識記憶だから思い出しにくかっただけのことです。

残念ながら、学校のテストで覚えなければならないものは、ほとんどが知識記憶です。漢字の読み方、将軍の名前などなど、これらは紛れもなく知識記憶にほかなりません。知識記憶はきっかけが十分に与えられないと思い出すことはできません。だから、テスト中に焦ることになるのです。

さて、ここまでお話しすれば、テスト勉強をどのようにやればよいか、皆さんにも分かったことでしょう。そうなのです。テストの内容を知識記憶ではなく経験記憶として覚えればよいだけのことです。経験記憶は、自在に思い出すことができるだけではありません。自分にまつわるエピソードはすんなり覚えられることからも分かるように、覚え込むこと自体が楽なのです。そして何よりよいことは、忘れにくいという事実です。知識はすぐに思い出せなくなってしまいますが、経験したことは後々までよく覚えていられるのです。まさに、経験記憶はよいことずくめなのです！

脳心理学コラム13

恋する脳

「恋人ができたとたんに学校の成績が落ちた友人がいるんだけど、それは恋愛をしたせいなの？　単に本人の努力不足のせいなの？」

成績と恋愛の関係は、もっともよく受ける質問のひとつです。しかし皆さんは、なぜ「恋愛」などという感情が、そもそも脳に備わっているのか考えたことがありますか。

恋愛とはある特定の異性に惹かれる感情です。恋愛すると、それ以外の多くの異性が世の中にいるにもかかわらず、目に入らなくなります。それは自分が優秀だと感じた人間の子孫を残そうという意志の現われでもありますが、恋愛の真意はほかにもあります。

世界には現在30数億人もの異性がいます。そのすべての異性に出会うことは不可能ですから、世界中から「本当」に自分にふさわしいたった一人の人間を選び出すことはできません。つまり、人はある程度満足のいく相手で我慢しなければならない運命にあるのです。もっと自分に合った人が世界のどこかにいるかもしれないのに、身近な人で満足しなければならないのです。

この理不尽な状況を見事に解決してくれるものこそが「恋愛感情」です。「自分にはこの人以外考えられない」「この人こそ私のすべて」と脳に勘違いさせることで、満足感を補うのです。実際、恋愛感情が冷めてしまうと、「なんでこんな人のことが好きだったのだろう」と自分のバカさ加減にあきれることすらあります。

「恋愛感情」は扁桃体と前頭葉の連係プレーによって生み出されます。この連携プレーが生じると脳が恋愛対象で占拠されるようになります。好きな人以外のものが脳から排除されるのです。当然、学校の勉強のことも排除されます。ドイツの詩人ローガウは、「恋が入ってくると、知恵が出ていく」と詠っています。恋愛とは相手以外のことを考えなくてすむように脳が仕組んだみごとな仕掛けなのです。ですから、恋愛して成績が落ちるのは、脳科学的にみてもきわめて自然なことであるといってよいでしょう。

恋人と同じ大学に通いたいために猛勉強をして、当初は無理だと思っていた難関校に見事合格したなどという微笑《ほほえ》ましい例も実際にはありますが、一般的に言えば、恋愛は学校の勉学に決してよい影響は及ぼしません。もちろん「恋をするな」とは言いませんが、仮に恋愛をする場合でも、客観的にものを見据える自制心が勉学には必要だと心得ましょう。

5―2 想像することが大切

同じ参考書を何度も使っている人は、テストの際中に「おっ、これは何章の何ページ目あたりの絵で説明されていたところだな」などという思い出し方をするようです。皆さんにもそんな経験はありませんか。ときには、参考書とはまったく関係のないことが契機となって、たとえば勉強しながら食べていた菓子の袋の絵柄が思い浮かんできて、「そうだ。あの時にやったところだ」と思い出すこともあります。

これらの思い出し方はただの偶然のように見えますが、じつは経験記憶を利用した賢い方法なのです。つまり単純な知識記憶でも、何かほかのものごとに関連づけて覚えれば、経験記憶に近づくというわけです。

このように、覚えたいものの内容をほかの内容と結びつけることを「連合」と言います。一つの知識を「家」にたとえるならば、家と家の間に道路を作って連結することを想像してもらえればよいと思います。そして、知識の「街」が出来上がります。

さらに、連合によってものごとを次々に連結して、より豊かな内容にすることを、少し難しい言葉ですが「精緻化」と呼びます。つまり、道路を緻密につなげて街から都市へと作り上げるようなものです。精緻化とは、知識の都市化計画なのです。

道ができ…
家が建ち…
…家が建つと
道ができると…
相乗効果で
都市化。
(どっちも出来る
ようになる)

ここで重要なことに気づいてください。それは精緻化によってものごとを連合させると、そのぶん思い出しやすくなるということです。

それはなぜかというと、「思い出す」という行為は、「知識の都市」に住む人がある特定の家(思い出したい知識)を探すようなものだからです。道路が発達していれば、目的の家にたどりつける手段が増えますね。つまり、思い出しやすくなるのです。

知識記憶と経験記憶の差はまさにここにあります。田舎の町か大都会かの違いです。田舎の町で道路が発達していない、もしくはあったとしてもそれが悪路だったりすると、目的地までたどり着きにくいということになります。だから知識記憶は思い出しにくいのです。その点、経験記憶は多くの記憶の組み合わせ(綿密な道路網）で出来上がっています。

たとえば、「今朝、卵焼きを食べた」というきわめて単純な経験記憶でさえ、卵焼きの味・匂い・色、そのときの食卓の模様、座っている椅子の感覚、食卓を囲む家族との会話などなど、もはや解析できないほど多くの要素が絡み合って一つの記憶を作り上げています。まさに知識の大都市です。思い出しやすくてあたり前なのです。

こうした経験記憶の利点を勉強に利用しない手はないでしょう。

当然、一つのことを記憶するときでも、できるだけ多くのことを連合させた方がよいということになります。連合させればさせるほど思い出しやすくなります。先の例のように、仮にそれが偶然であっても、思い出す確率が高くなるに越したことはありません。

もちろん英単語を覚えるときも、そのまま丸暗記するのではなく、例文や用法をいっしょに覚える方が役立つ知識になってくれるでしょう。できれば語源もいっしょに覚えたいところです。できるかぎり意識して精緻化するのです。

「語呂合わせ」もまた、記憶の精緻化としてしばしば用いられます。語呂合わせというと、すぐに「ゲテモノ」「邪道」「お笑い系」だと決めつける人がいますが、もちろんそんなことはありません。脳科学的にみれば、実に効率のよい、つまり脳にとっては負担の少ない暗記法なのです。

ですから皆さんも気後れすることなく、堂々と語呂合わせを使って暗記しましょう。人の目を気にして恥ずかしがってこれを利用しなかったとしたら、楽して暗記ができるせっかくの機会をミスミス逃していることになります。

ところで語呂合わせを覚えるときには、言葉の音声のリズムやノリだけで覚えるのではなく、意味していることをきちんと「想像」することが大切です。そうすることによって、記憶はさらに精緻化されて補強されます。

想像は知識よりも重要である。　アインシュタイン（科学者）

想像するという行為は一方で、海馬を強烈に刺激します。つまり「想像」は、精緻化と海馬の活性化という二つの利点があるのです。想像すれば想像しただけ、はるかに記憶に残りやすくなります。

スムーズに想像できるようになるには、やはり語呂合わせを自分で作るのが一番よいと思います。もし自分で作れれば、それはそのまま「経験記憶」となりますし、語呂合わせの意味している状況を具体的に想像できるようになります。

もちろん語呂合わせを使わない記憶にも、これらのことは当てはまります。ただし、その場合には、単に知識や情報だけの連合につとめるよりも、そこに皆さん自身の想像をできるだけ働かせて、知識をより豊かにして関連づけましょう。

できれば、そこに皆さんの経験をも結びつけて記憶した方が効果は大きいでしょう。なぜなら、自分の体験が記憶に関連していれば、それは完全に経験記憶となるからです。

それでは、簡単な経験記憶の作り方を次に紹介しましょう。

体験談⑬

大人はほとんど学校で習ったことを忘れている

父親に複素数のちょっとした問題についてきこうとしたら、全くできなかった。母親に2次方程式の解についてきいたら、算数でやった食塩水の文章題ですらできないことが分かった。おまけに、「足し算と引き算ができれば大丈夫。割り算なんて卒業した後、使ったことない」と開き直られた。

文部科学省は数学が嫌いな人には履修科目から外した方がいいんじゃないのか。実際問題として、数学の知識についてうちの両親程度のおとなが過半数だと思う。先生にきいたら、数学の知識そのものを覚えることより、それを学ぶ過程でぼくたちの論理的な思考力が養われるのだそうだ。

そう言えば、兄が使っていた公務員試験の問題集に推理問題があった。数学の問題はどれも基本的なワンパターンばかりだったが、この推理問題は簡単ではなかった。いっそ数学なんかやめて、推理問題を学校でやったらどうか。数学が嫌いになった人でも、論理的

な思考力とやらはウンとつくと思うんだけど。（高2・愛知）

著者からのコメント

想像してみてください。本当に推理問題を学校で強制的にやらされたとしたら、やはりうんざりするはずです。たとえば、仮に大好きなテレビゲームでも、学校の授業に組み込まれて毎週定期テストをやらされたら、おそらく投げ出したくなるでしょう。これはどんな内容のことでも同じだと思います。つまり、数学そのものが問題なのではなくて「強制されていること」が問題なのです。

現実的な話として、推理問題ばかりを学習して論理的な思考力を養うくらいなら、数学という何千年という歴史の波にもまれながら完成された美しい体系を通じてその能力を養った方が、長期的に見た場合、圧倒的に効率がよいのです。たとえ複素数や食塩の問題の解き方を忘れてしまってもです。

皆さんも大人になれば、これが事実であると気づくと思います。どうしても納得できない人は、いまはダマされたと思ってやるしかないでしょうね。損はしませんから。（笑）

私たちが人生とは何かを知る前に人生はもう半分過ぎている。

ヘンリー（詩人）

5—3 覚えたことは人に説明してみよう

もっとも手軽な経験記憶の作り方は、覚えたい情報を友達や家族に説明してみることです。

そうすれば、「あのとき説明したぞ」「こんな図を描きながら教えたところだ」といった具合に経験記憶になります。間違いなく、それがきっかけとなって、あとで簡単に思い出すことが出来るようになります。

よく、テレビや雑誌で見たことをすぐに人に話したがる人がいますね。ときには知ったかぶりをして、偉そうにしゃべる人さえいます。周りの人には迷惑かもしれませんが、じつは、そうして何度も人に話しているうちに、その知識を確実に自分のものにすることができます。話したがりの人ほど、たくさんの雑学を身につけているのはそのせいなのです。

もちろん雑学だけでなく、勉強して覚えた内容もどんどん友達や親に説明してみましょう。そうすれば、学習したばかりの知識でもしだいに脳に染みついていきます。

ところで、説明することの利点はそれだけではありません。自分が理解できているか、間違っていないかを確かめることができるのです。自分がきちんと理解できていなかったら、人に説明できるはずがありません。人に説明してみれば、自分が本当に「理解」しているのか、どこまでをきちんと理解していて、何がまだ分かっていなかったのかが確認できるのです。

そのためにも説明する相手は、その内容を知らない人を選ぶ方が効果的です。祖父母、弟や妹、後輩など、教えてあげられる人は周囲にたくさんいるでしょう。もし他人に説明するのがどうしても恥ずかしかったら、ぬいぐるみに向かって説明してもよいでしょう。

ところで、経験記憶法は一見万能に思えますが、残念ながら欠点があります。それは、経験記憶はしだいに知識記憶に置き換えられてしまうことです。放っておくと、せっかくの経験記憶も、いずれは皆さんの体験が削ぎ落とされて、いつかは知識記憶になってしまいます。大都市でも、道路が使われないとどんどんとさびれて田舎町になってしまうのです。

よく考えてみれば、どんな知識でもはじめは何か経験があってたくわえられたはずです。そして時間が経って、経験記憶のエッセンスのみが残って知識となっていくのです。経験記憶は気づかないうちに、ただの知識記憶になってしまいます。そうすると、簡単な設問にもかかわらず、テスト中にど忘れしてしまうことになるのです。

もちろんその記憶は脳の中に保存されてはいますが、知識記憶なので「きっかけ」が十分にないと思い出せないのです。残念ながら、思い出せない記憶では使いものになりませんね。それは「覚えていない」ことと結果的には同じです。宝の持ち腐れです。どんな立派な大都市も道路を使っていなければ雑草が生えてきて、ついには廃墟になってしまいます。ですから、ど忘れしてはいけない重要な知識については、時どき人に説明してみて、経験記憶として鍛え直すための努力を忘れてはいけません。

体験談⑭

参考書選びのポイント

私の参考書選びのポイント：図が多いものを買うことにしている。それから、テーマや小見出しが大きくてはっきりしていると、頭の中が整理しやすい。改行が多いのもいい。

それと内容をよくチェックして、理由や因果関係の説明もなく、ただ「ここが出るからここを覚えろ」式のものは買わない。最後に、「はじめに」を読んで、ほんとにやる気になったら買う、百円高くても。（高１・北海道）

著者からのコメント

参考書選びにおいてフィーリングはとても大切ですね。

人によっては図が多いということが非常に重要なポイントになるでしょう。一般に、図は理解を助けるだけでなく、イメージを脳に定着させるのにも役立ちます。ふだんの勉強では活動がにぶっている右脳の前頭葉が活性化されるからです。ちなみに、右脳を活性化するためには、視野の左側に図がある本の方が効果的です。人は左側に見たものをよく覚えられるのです。（反対に、読んだり聞いたりしたものごとについては右耳から入力されたものの方が覚えられます。）

指摘のように、参考書は見出しがしっかりしていることも大切です。系統だった分類がなされている方が、理解が容易になりますし、覚えた後も見出しのキーワードを通じて思い出しやすく、かつ利用しやすい知識になります。理由や因果関係を示していないで結果だけを示した参考書はもはや参考書とは呼べませんね。こうした要点だけをまとめた本は、試験直前に行う知識のチェックに使うにとどめましょう。

5―4 声に出して覚えよう

「人に説明する」ことは経験記憶をつくる最大の近道だと言いましたが、説明することが脳にとってよい理由はほかにもあります。何か分かりますか。

それは、説明するときには必ず「声」を出しているということです。耳を使った学習は、目を使った学習よりも効率がよいという事実を知っているでしょうか。たとえば人に言われて傷ついた言葉などは、いつまでも心に残りますよね。つまり、耳の記憶はとても強固なのです。

その秘密は脳の進化の過程にあります。視覚の能力が発達したのは、動物の進化の過程では比較的最近なのです。実際にネズミやイヌやネコは色を感じることさえできません。しかし、遠くからかすかに聞こえる音を聞き分けることができます。つまり長い進化の道のりで、動物たちは、目よりもむしろ耳をよく活用して生き延びてきたわけです。

すでに述べたように、「脳」は人間のためだけに生まれたのではありません。動物の進化の過程で少しずつ発達してきて、人間の脳が出来上がったのです。日常生活で視覚に頼るようになった人間の脳であっても、そこには原始的な動物の脳の性質が色濃く残っています。耳の記憶に関してもそれは当てはまります。つまり、進化上での歴史が長いぶん、耳の記憶は目の記憶よりも心によく残るというわけです。

そう言われてみれば、皆さんも小さい頃に習った歌を今でもよく覚えているでしょう。「ドレミの歌」や「さくらさくら」などの唱歌は、メロディーとともに歌詞すら思い出せるはずです。歌詞はただの知識記憶なはずなのに、いとも簡単に思い出せます。

しかし、もしメロディーを歌わないで歌詞だけを思い出せといわれたら、ちょっと苦労すると思います。これこそが聴覚記憶のマジックです。

覚えるときも同じですね。ある曲の歌詞を視覚だけに頼って、文字を眺めて丸暗記しようとしたら大変な時間がかかります。しかし、声に出してメロディーといっしょに覚えれば、わりと簡単に覚えることができることは、カラオケ好きの皆さんなら経験済みでしょう。

こうして眺めてみると、いかに耳を使った記憶法が有利であるか納得できるでしょう。皆さんも勉強するときには、見ることだけに頼って覚えようとしないで、耳を使いましょう。

もちろん、目と耳さえ活用すればよいというわけではありません。人間の体には、さらに多くの感覚があります。それらをできる限り利用する方がよいに決まっています。学習時には、必ず手を動かして紙に書き、そして声に出して何度もしゃべりながら記憶するように心がけましょう。手、目、耳などの五感を最大限に活用して、海馬をフルに刺激しながら記憶するのが、学習の近道なのです。

緑のプラスチックシートで赤文字を隠して暗記する用語集を使っている人がいますが、この勉強法は眺めるだけの、つまり視覚だけの学習になりがちですね。こうした参考書は、試験直前の要点の再チェックに利用する程度にとどめましょう。

脳心理学コラム14

ホムンクルス

脳は使えば使うほど性能が高まる不思議な装置です。ですから、ふだんの生活でもできる限り脳を使い続ける方がよいでしょう。

ただし、脳を鍛えるためと言っても、がむしゃらに使えばよいというわけではありません。効率的な働かせ方があるのです。

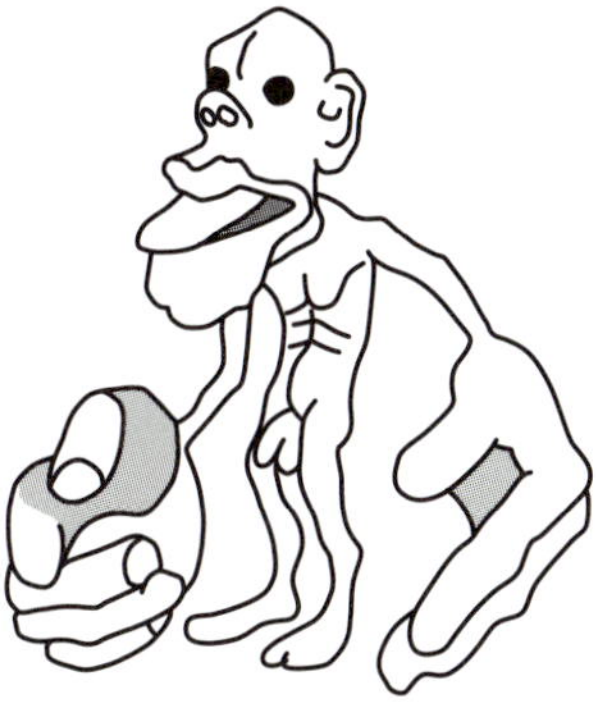

絵に描かれた奇妙な人間を見てください。これは、体の各部分を制御する神経細胞が、脳の中にどのくらい存在するかという割合を示した人形で、「ホムンクルス」と呼ばれています。ホムンクルスは、手の指や舌は大きいけれども、腕や足や胴体は痩せっぽっちのガリガリです。つまり、人の脳は、指や舌に対してとても敏感だというわけです。実際、人間の指先の感受性は、ネコのヒゲの敏感さに匹敵するとさえ言われています。

逆に考えれば、脳を刺激するためには「手の指」や「舌」を使うのがもっとも効果的だということになります。とくに指先の運動は、ふだんのちょっとした心がけと時間の使い方で十分に可能です。勉強中は目で見て覚えるだけでなく、手を動かし書いて覚えることが肝心なのは言うまでもありませんが、通学途中でも空いた両手で指の体操をするとか、趣味として裁縫や楽器やタイプをやるなど、工夫しだいでいつでも脳への刺激が可能になるでしょう。また興味のある人は、ぜひ舌の体操にもチャレンジしてみるのもおもしろいかもしれません。

ところで、脳を使いすぎると疲れてしまうのではと心配になる人がいるかもしれませんね。しかし、脳は疲れません。もしも勉強していて疲れを感じたとしたら、それは脳ではなく目や肩など身体の疲労ではないでしょうか。なぜなら、脳は昼も夜も休むことなくずっと活動していてもヘコたれない仕組みになっているのです。それもそのはず、脳が休んでしまったら呼吸さえできなくなってしまいます。脳はタフなヤツなのです。一生働き続けても平気です。ですから、皆さんも遠慮することなく脳をどんどん刺激し続けましょう。

私たちの人生は、私たちが費やした努力だけの価値がある。

モーリアック（作家）

私は勉強の休憩中にも、目をつむって体を休めながら、頭の中では問題を解き続けていました。

5―5　記憶の種類と年齢の関係を理解しよう

これまでに「知識記憶」と「経験記憶」の二つの記憶について説明してきました。しかし、皆さんの脳の中にある記憶の種類は、この二つだけでしょうか。もちろん、そんなことはありません。もうひとつ大切な記憶がありますね。さて、それが何か分かりますか。

たとえば、自転車の乗り方や服の着方などの記憶です。つまり、ものごとの「手順」や「やり方」です。こうしたコツとかノウハウのようなものが脳の記憶だと言われても、ピンと来ない人もいるかもしれません。しかし、生まれたばかりの赤ん坊は、自転車に乗ることができないことを思い出してください。自転車の乗り方は、生まれてからあとで「習得」したものです。つまり、乗る方法を記憶したというわけです。こうした記憶は**「方法記憶」**と呼ばれています。

知識記憶や経験記憶は「頭で覚える記憶」で、**方法記憶は「体で覚える記憶」**だと言えば分かりやすいでしょうか。もちろん、実際には体が覚えているのではなく、脳が記憶していることは言うまでもありません。スポーツ選手はしばしば「筋肉が覚えている」という言葉を使いますが、これはもちろん比喩にすぎません。筋肉は何も記憶できませんから。

知識や経験の記憶が「What is」として説明できるのに対して、**方法記憶は「How to」の記憶**だと言えます。つまり、知識や経験の記憶は言葉で他人に伝えることができますが、方法記憶は言葉では説明しにくい、もしくはまったく説明のできない抽象的な記憶です。そう言われてみれば、実用書や教本などでどんなにスキーの滑り方を勉強しても、実際にやってみなければ滑れるようにはなりませんよね。方法記憶とは実践によって身につくものなのです。

方法記憶には二つの重要な特徴があります。

一つ目は、無意識に作られる記憶であるということです。スキーの滑り方は何度もやっているうちに自然に身につきます。だからこそ、体で覚える記憶と言われるわけです。

二つ目は、方法記憶は忘れにくくて根強いということです。たとえば、自転車の乗り方やトランプゲームのルールなどは、長年やっていなくても必要なときに自然に思い出すことができるでしょう。記憶があまりにも強固なために、自己流でスポーツをやって癖のあるやり方を身につけてしまうと、そのあとで正しいフォームに修正しようとしてもなかなか癖がなくならないといった不具合も起こるくらいです。

さて、これで記憶の三兄弟が全員そろいました。長男の経験記憶、次男の知識記憶、三男の方法記憶です。

この三兄弟は、じつは互いに平等ではありません。上下の力関係があります。

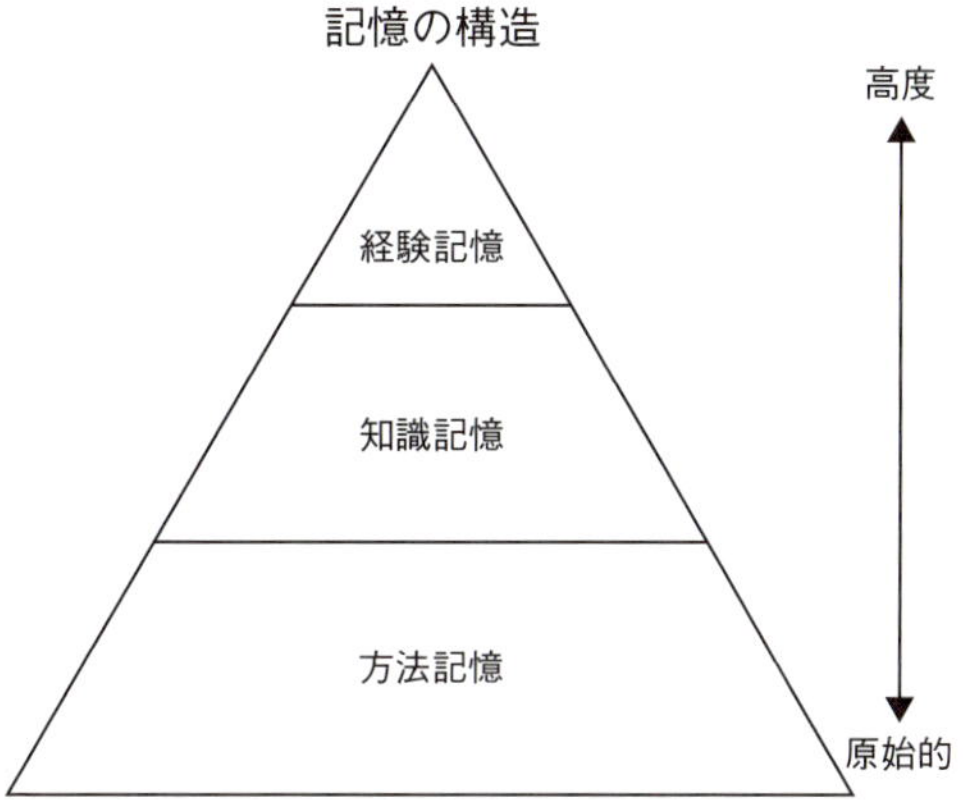

図に示したように、一番下の階層には「方法記憶」が、真ん中の階層に「知識記憶」が、上の階層には「経験記憶」が存在します。私はこれを「記憶三兄弟のピラミッド構造」と呼んでいます。下の階層ほど原始的で、生命の維持にとってより重要な意味をもっていて、上の階層にいくほど高度に発展した豊かな内容をもった記憶になります。

このピラミッドは、動物の進化の過程にも当てはまります。進化の上で古い原始的な動物ほど、一番下の方法記憶がよく発達しています。反対に、高等動物ほど上の段の記憶が発達してきます。もちろん人間はほかの動物にくらべて、ピラミッドの頂点にある経験記憶の能力が高いことは言うまでもありません。

もちろんこのピラミッドは、人間の成長の過程にも応用することができます。子供から大人になるにつれて、もっとも早く発達するのが原始的な方法記憶です。つづいて知識記憶が発達してきます。そして、最後に発達するのが経験記憶です。

そう言われてみれば、皆さんも生まれてから三、四歳の頃までの記憶がほとんどないことに気づくでしょう。それもそのはず、生まれたばかりの頃はまだ経験記憶が発達していませんから、自分のエピソードが記憶に残らないのです。けれども、方法記憶はすぐに発達してきますから、ハイハイやよちよち歩きなどの「体で覚える方法」は身につくのです。もう少し成長して知識記憶が発達すれば、言葉を話すことができるようになります。しかし経験記憶は、成長の過程ではかなり遅れて発達してくるので、幼い頃、いつ何をしたという記憶はあとに残らないのです。

実際に、中学生くらいまでは、どちらかと言えば知識記憶がよく発達している年頃で、その年齢をすぎると、逆に経験記憶の方が優勢になってきます。

たとえば小学校では、一〇歳になる前に掛け算表の「九九」を教えますが、これは知識記憶がよく発達しているこの時期を狙って暗記させようという教育方針なのです。なぜならこの頃の子供は、難しい論理めいたことではなくて、むしろ意味のない文字の羅列や絵や音に対して絶大な記憶力を発揮するからです。小学生がアニメやゲームのキャラクターを全部丸暗記してしまう能力には、まさに驚くべきものがあります。こうした能力は、もはや高校生になる頃には衰えています。

秘伝の読書法

ある程度の分量の本を読むとき、ポイントだと思ったところに下線を引いたり、マーカーでぬったりする人は多いと思います。私もそうしています。

そしてさらに私の場合、表紙のウラに「Ｐ35　知識記憶から経験記憶へ」などと自分でまとめたポイントを上から並べて書いていきます。見知らぬところへ歩いていくときに犬がするおしっこのようなものでしょうか。本を読み進めて半分くらいまで行くと、少し話が込み入ってきたり、最初のあたりに書いてあったことを忘れかけて、それ以上読み進めるのがしんどくなって来ます。そうしたら、表紙のウラに書いたことを上からなぞって行きます。そうすると、話の流れが見えてきて、続きが読めるようになります。

全部読み終わってしばらくしてから、引用したり拾い読みするときにも便利ですよ。一度ぜひ試してみてください。ただし、図書館の本はやめた方がいいと思います。（高２・奈良）

著者からのコメント

これは古来読書術に活用されている方法ですね。自分で開発したのでしょうか。

本のキーワードを抜き出すのは、脳の中に情報の「地図」を作ることができるので、内容の習得には有効な手法です。これを行うことで、自分が本の内容をきちんと理解できているか、また曖昧なところはないかを確認することもできます。一種の復習法ですね。「読む」というと、てっきり「目」だけの作業だと思い込んでしまいがちですが、「手」を使って読書するというのはナイスな発想転換だと思います。

5―6 勉強方法を変えなければいけない時期がある

記憶の種類は、年齢によって変わることが分かりました。その年齢に合った得意な記憶の種類があるというわけです。

この事実はとりもなおさず、学習するときにはその年齢に適した勉強方法をとらなければならないということを意味しています。

たとえば、中学生の頃までは知識記憶の能力がまだ高いですから、試験範囲を「丸暗記」してテストを受けるという、ちからわざの作戦でもクリアーできたでしょう。けれども、高校に入った頃からは、少しずつ経験記憶が優勢になっていくので、これまでのような無謀な丸暗記作戦では、早晩通用しなくなります。

しかし、自分の脳に起こるこうした重大な変化に気づかずに、いつまでも昔の方法にこだわって同じ勉強方法を続けていると、自分の能力に限界を感じるようになるのです。また、そういう人に限って、「以前のように覚えられない」と記憶力の低下を嘆くのです。言うまでもありませんが、それは記憶力が落ちたわけでも何でもなく、単に記憶の種類が変わっただけにほかなりません。この事実に早く気づかなければ、授業についていけなくなり落ちこぼれてしまうでしょう。

小・中学生の頃までは良くできたのに、高校生になると学校の成績が急に下がってしまう生徒

がいます。ほとんどの場合は、自分の能力の変化に対処しなかったことが原因なのです。だからこそ、自分の記憶についてよく理解して、常にそれに対応した作戦をとることが大切なのです。「二十《はたち》過ぎればただの人」などとは言われたくないですよね。

逆に、高校生になって急に成績が伸びる人もいます。こうした人は、本人が気づいているかどうか知りませんが、自分の能力の変化をいち早く察知して、うまい勉強方法を取り入れた人にほかなりません。だからこそ、効果が目に見えて現われたのです。

高校生になると、丸暗記よりもむしろ理論だった経験記憶がよく発達してきます。それは、ものごとをよく理解してその理屈を覚えるという能力です。当然、勉強方法もそうした作戦に変えていく必要があります。丸暗記はいけません。高校生にもなれば、もはや丸暗記は効果的な学習法とは言えません。

そもそも丸暗記には重大な欠点があります。丸暗記は、結局は覚えた範囲の限られた知識にしか役に立ちません。応用範囲が限られているのです。一方、論理や理屈でものを覚えると、その論理が使えるすべてのものごとに活用できます。つまり、仮に丸暗記と同じ記憶量であっても、理論的な記憶の場合は非常に高い有用性を発揮します。理論の記憶は、応用範囲の広い記憶方法なのです。

だから皆さんは、一刻も早く知識記憶に頼った勉強方法は捨てるべきなのです。「ぐずぐずしていることは、時間を盗まれているに等しい」と詩人ヤングが言っています。いつまでも過去の栄光にすがっていると、将来の悲惨な結末は目に見えているといってよいでしょう。

体験談⑯

英単語を語源で覚える

「英単語を語源で覚えていくと定着がいいし、知らない単語にも見当がつくので一石二鳥だ」という人もいるけど、私は英単語は理屈じゃなくて片っ端から反射神経で覚える方が性に合っている。単語集には例文もついているし、おまけにCDまでついているのだが、ほとんど無視してきた。でも、和訳はできるけど英作文はさっぱりだ。

たとえば、この前もabandonは「捨てる」と覚えているのだが、「ゴミを捨てる」にabandon を使ったら×にされた。大学に行くと、知らない単語はゴロゴロ出てくるし、英

語でレポートを書かされると聞いて落ち込んでいる。（高３・秋田）

著者からのコメント

丸暗記して確実に覚えられるようであれば、もちろんそれで構いませんが、一般的に言って丸暗記は応用の効かない記憶方法の一つですから注意してください。それは蓄えられた知識が、脳神経ネットワークの中で有機的なつながりを持っていないからです。さらに丸暗記した知識は、曖昧になりやすくケアレスミスの原因になりますし、何よりも忘れるのが早いのが難点です。

実際、英単語はそれ自体ではほとんど意味をなしません。文章の中で使われてはじめて単語が生きるのです。この点はとても重要です。英作文が苦手だという事実にも、それが現われているようですね。英語は単語だけではなく、文法つまり「理論」も大切なのです。前後関係や文脈によって単語に意味が与えられます。

もちろん「語源」も広い意味で理論です。単語の成り立ちを知っていれば、はじめて出会った単語でもその意味を想像できることが多くあります。あなたはすでに豊富な単語力をもっているのですから、今後はそれを活かす努力をすればよいと思います。すでに脳の中に蓄えられた知識を縦横に関連づけて、豊かな知識に変えていくのです。語源を覚えて、さらに文法も覚えれば、英語を最大の得意科目にすることができるはずです。

5―7 方法記憶という魔法の力

これからこの本の最後にかけて、「方法記憶」について詳しく説明しましょう。

方法記憶はとても奥深いものです。「魔法の記憶」とも言われています。方法記憶をうまく利用すれば、皆さんの勉強のとてつもなく強い味方になります。

先の章で「学習の転移」について説明しました。ある分野をきわめることができると、ほかの分野の理解も簡単になるという現象でしたね。じつは、これは方法記憶による相互関連づけ作用の結果なのです。

どういうことかというと、どんな分野でもそれを習得するためには、それを「理解する方法」を知る必要があります。理解の方法、つまりHow toですから、これは「方法記憶」です。要するに、ある分野を習得するということは、その分野の知識だけではなくて方法記憶までを自然に習得しているのです。そして、この方法記憶があるからこそ、ほかの分野の理解を深めることができるわけです。分かるでしょうか。つまり、野球をマスターした人は、野球のフォームやルール（方法記憶）を習得しているので、それを応用すればソフトボールが楽に習得できるようになるというわけです。

ここで思い出してほしいことは、方法記憶は覚えることも思い出すことも無意識に行われると

方法記憶が使える棋譜

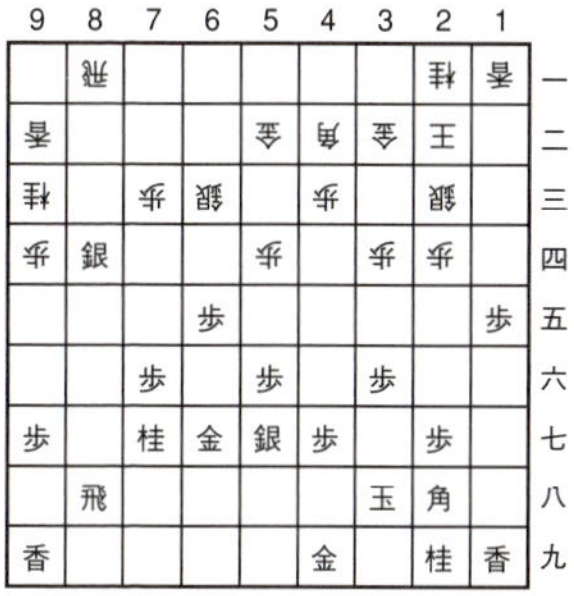

方法記憶が使えない棋譜

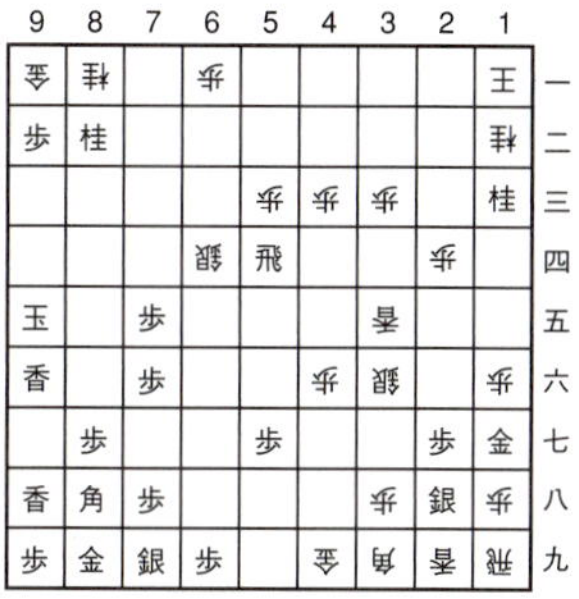

いう事実です。手順の記憶は自然と上達するのです。実際、知識や情報の記憶は意識して行うけれども、それに関連したものごとの「理解の仕方」は無意識に記憶されています。つまり皆さんの意志にかかわらず、方法記憶はいつでも勝手に作動しているのです。ですから方法記憶は、皆さんの思いもよらないところで、知らず知らずのうちに絶大な威力を発揮してくれます。

将棋やチェスの名人は、試合のあとで対局中の盤面を完全に再現することができます。それどころか、過去の何十試合分でさえ完璧に記憶していると言います。素人から見ると、棋士たちは本当に天才的な記憶力の持ち主であるかのように見えます。

たしかに、「7四角、5三歩成、6九銀…」などの知識記憶を丸暗記しようとしたら、そうとう骨が折れる作業です。しかし、皆さんの中には次のように反論する人もいるでしょう。棋士は自分で試合をしたのだから、それは「知識記憶」ではなく「経験記憶」だと。確かに、その通りです。しかし、名人は自分の経験に関係のない他人の試合でさえ、試合記録を見ただけでいともたやすく全棋譜を覚えてしまいます。知識記憶だけでこれを行うことは、まさに超人的な記憶力ではないでしょうか!

しかし実際のところを言うと、知識記憶だけでこれを全部覚えることは、小さな子供ならいざ知らず、どんな名人であってもこれは無理な話なのです。

つまり名人は、知識記憶や経験記憶だけでなく「方法記憶」を同時に駆使して、棋譜を記憶しているのです。つまり、対局中に出現した盤面をパターン化して記憶しているのです。無意識のうちに棋譜を分類・解析して「法則性」を見抜いているというわけです。

その証拠に、対局していても絶対にあり得ないようなパターン(たとえば、私のような素人が駒を適当に並べたような盤面)になると、名人ですらまったく記憶することができません。今までの経験でたくわえてきた方法記憶が使えないのです。こうなれば、名人の驚異的な記憶力ももはや素人同然です。

このように、一見「天才的」と思える能力は、どんな場合でも方法記憶がその源になっています。天才を作っているのは方法記憶なのです。これが「魔法の記憶」と呼ばれる理由です。

数学がよくできる人は、試験中に問題の解き方がヒラメクと言います。しかし、ただのヒラメキだけでは決して成績は伸びません。やはり問題の内容をきちんと理解して、設問パターンを正確に類型化してこそ正しいヒラメキが得られるものです。驚異的な数学の発想力も、その根底には必ず堅実な「方法記憶」が働いています。こうした方法記憶は、どれだけ多くの問題を解き悩んできたかによってたくわえられます。勉強もせず楽をしてきた人が、あるとき突然ヒラメクなんてことは決してありません。

体験談⑰

よい先生がいる予備校には行ってはならない!?

いい予備校であればあるほど、いい先生がいる。いい先生とは、ぼくたちを志望校に合格させるためにもっとも効率のよい解法を授けてくれる人だ。

でも、ぼくは何から何まで先回りして教え込まれると、大学に入ってから自分ひとりでできるのかと不安になる。考えてみれば小中高までは、学校の先生に不満があったら塾・予備校に行けばよかった。そしてそこにはぼくたちに必要なものを研究しつくしていて、なおかつ分かりやすく教えてくれるプロがいたのだ。大学の教授は研究者としてはすぐれた方々に違いないが、教えることについては学校の先生よりもっと下手というか関心ない人がいると聞く。

ということは、大学に入る準備として、入試に合格するだけの知識もさることながら、自分で勉強を進めていける方法を身につけていなければならないのではないだろうか。そう思うと、いい先生がいる予備校ほど行ってはいけないような気がしていた。

高3になってはじめて、予備校の授業を受けてびっくりした。点を取るための小手先のテクではない。数学の長岡先生には推論の厳密さを、現代文の出口先生には人間の深遠さを教えられた。あとに続く者は、先達が切り拓いた世界や方法論を早く相続して、その上に何がしかを積み上げることが役割だと思うようになった。(高3・埼玉)

著者からのコメント

こういう相談は実際によく受けます。大学は教育機関であると同時に、学術研究の発信機関でもあります。ですから大学の先生は、教えるのが好きだから、もしくは教えるのがうまいから教師をやっているわけではありません。大学に入学したばかりの学生の多くは、このギャップに戸惑うようです。いずれにしても、高校までの受動的な勉強は、大学に入ってからの能動的な学習とはまったく違うものだといってよいでしょう。

しかし、だからと言って「大学に入る準備として、よい先生がいる予備校に行ってはいけない」というのは考えが短絡すぎましたね。すでに気づいてもらったように、むしろまったく逆なのです。表面だけの効果に目を奪われてはいけません。よい先生に付いてよい授業を受ければ、それだけさまざまな局面において応用の利く解決方法が身につくものです。将来を不安に思う必要はありません。

また、効率のよい勉強の仕方を教えてくれる人だけがよい教師だとは限りません。これを一口に言い表すのはとても難しいです。これればかりは皆さんも自分の経験を通して知ってもらうしかないと思います。いずれにしても「よい教師とは何か」を知っていることは、決してムダではないでしょう。大学に入ってから学力が伸びる学生が必ず口にする言葉は、意外にも「中学・高校時代に、よい先生に出会えたから」なのです。そうした機会に恵まれることはとても幸せなことです。

5―8　ふくらみのある記憶方法

今こうして「記憶」の本を書いている筆者である私ですが、何を隠そう私は「九九」をほとんど覚えていません。これは本当の話です。実際に、今覚えているのは「ににんがし」「にさんがろく」「にしがはち」の三つくらいです。

「なぜ九九を覚えていないのか」とよく人に聞かれますが、その理由は単純です。単に小学生の頃に、勉強が嫌いだったからです。もちろん、成績はいつも下の方でした。

しかし、現在の私は九九を覚えていなくても、ほとんど困ることはありません。実際、私は皆さんと同じ高校時代には塾にも通わずすべて独学で勉強して、現役で東大理Ⅰに合格しました。東大に入学した後も、薬学部に一位で進学しましたし、大学院の入学試験も首席で合格しました。卒業後の現在も、東大で世界最先端の脳科学の研究を続けています。

なぜ、私のような九九すら覚えていない人間が、九九をしっかり覚えている人間よりも優れた成績を残してきたのでしょうか。その秘訣を伝授したいと思います。なぜなら、これは誰にでも可能なことだからです。

その秘訣は、まさに「方法記憶」です。

つまり、私は「九九」を覚える代わりに、「九九を計算する方法」を習得しているのです。

たとえば、「6×8」の場合を考えましょう。九九の世界ではこれを何と言うのか私は知りませんが、そんな知識記憶を持ち出すまでもなく、私の場合は、

$$\begin{array}{r} 60 \\ -\ 12 \\ \hline 48 \end{array}$$

と答えが瞬時に出ます。もしくは、

$$\begin{array}{r} 40 \\ +\ \ 8 \\ \hline 48 \end{array}$$

でもよいでしょう。これが、どういうことか分かるでしょうか。

私の頭の中には、数字を「一〇倍すること」「倍にすること」「半分にすること」という三つの方法だけが入っています。これさえ知っていれば、九九はすべて答えを出すことができます。しかも瞬時にです。（細かい話ですが、この三つの方法は、「10を掛けること」「2を掛けること」「2で割ること」とはまったく異なります。私は掛け算や割り算はできません。私にできることは、数字を倍にしたり、半分にしたり、数字の後に「0」を付けたり取ったりすることだけです。）

この方法を使えば、「6×8」は、

$$
\begin{aligned}
&6\times 8\\
&=6\times(10-2)\\
&=6\times 10-6\times 2\\
&=60-12\\
&=48
\end{aligned}
$$

もしくは「8×6」として、

$$
\begin{aligned}
&8\times 6\\
&=8\times(5+1)\\
&=8\times(10\div 2+1)\\
&=8\times 10\div 2+8\times 1\\
&=40+8\\
&=48
\end{aligned}
$$

として計算できるわけです。

方法記憶とは、いわばものごとのエッセンスだけを抽出して覚えるようなものです。皆さんのように、九九で八十一個も暗記する必要はありません。たった三つの法則を覚えるだけでよいのです。それだけで、九九表を使うのと同じくらい速いスピードで正解を出すことができます。

さらに皆さんに強調しておきたいことがあります。この三つの法則を使えば、「23×16」のような二桁の掛け算も、

$$
\begin{aligned}
&23\times16\\
&=23\times(10+6)\\
&=23\times(10+10\div2+1)\\
&=23\times10+23\times10\div2+23\\
&=230+115+23\\
&=368
\end{aligned}
$$

と、九九の場合とまったく同じスピードで答えが出ます。九九を丸暗記した人よりも、むしろ計算スピードが速いくらいです。

もう、分かったでしょう。つまり、知識記憶は覚えたその範囲にしか役に立ちませんが、方法記憶を使えば、その理論が根底にあるすべてのものごとに応用ができるのです。

方法記憶はふくらむ記憶です。だから、丸暗記で全部覚えるよりも少ない記憶量ですみます。

しかも、忘れにくく強固な記憶です。方法記憶を利用しない人は明らかに損をしていると思います。

私は学生時代に、数学や理科の公式をほとんど覚えていませんでした。公式はテスト中に導いていたのです。これは皆さんから見れば、ムダであるように感じるかも知れません。しかし、私にとっては公式を覚える時間があったら、もっとほかのことにその時間を使いたかったのです。実際、公式そのものよりも公式の導き方（方法記憶）を覚えた方が、その公式を応用する能力が身につきます。公式の原理を理解しているからです。一般的に、理屈もわからないまま公式を丸暗記している人は、その公式を使って問題を解くのが下手なようです。それでは、せっかくの知識も宝の持ち腐れですね。どんな知識でも、その理屈を理解して覚えることが大切です。

これは、理数系の科目だけに限りません。社会でも国語でも英語でも同じことが言えます。歴史的な事実や、世界の国々の経済状況、時代背景や人々の考え方などを理解すれば、多くの現象が根底ではつながっていることに気づくはずです。知識の丸暗記はやめて、まずはそうした「背景の理論」を理解することから始めましょう。

記憶した量自体は何の意味も持たないと心得てください。むしろ覚えている知識を「いかに活用するか」という、その応用方法を記憶することの方が、その何倍も重要なことなのです。たくさん覚えたということ自体は、何の自慢にもなりません。そんなことで自己満足するくらいなら、少ない記憶量で大きな効果の出せるような勉強法に切り換えた方がよいと思います。

「天才は方法記憶が作る」と言いましたが、天才たちは実際には天才でもなんでもなく、方法記憶を使って「要領よく記憶している」にすぎません。個々の神経細胞の性能は誰の脳のものであってもまったく差がないのです。もっと言ってしまえば、神経細胞自体の能力は、人間でもネズミでも虫ケラでもほとんど差がありません。要するに、脳は「使い方」しだいなのです。すべては使い方＝方法記憶にかかっています。

皆さんも知識記憶に時間を浪費するのはやめて、方法記憶にその労力を振り分けてみましょう。きっと自分の秘められた能力に驚くことでしょう。ふつうの「人がやることは、まだやれることの百分の一にすぎない」（豊田佐吉）のですから。

体験談⑱

テストが大好き?

テストというのは、自分ができない所を暴き立て、人間にランクをつけるから大嫌いです。テストさえなければ、算数だって英語だって好きになったかもしれませんし、第一、親友を失うこともなかったのです。私は小学校の3年の時からそう思うようになって、テストの日はわざと休んだり、白紙同然で出したりしていました。

ところが、最近好きになった男の子は、「テストというのは、自分が努力したことをはっきりさせてくれるので大好きだ」というのです。確かに、テストも成績表もなければ、自分の弱点も長所も見えてこないような気がします。でも、先生も親もあまり小さい時からテストを競争させるための道具に使ってほしくないと思うのですが…。(高1・大阪)

著者からのコメント

そうですね。たしかに難しい問題です。

私たちは自由社会に生活しています。しかし、この「自由」という魅力的な言葉を履きちがえてはいけません。自由というのは「何でもしてよい」「拘束がない」ということではありません。分かりますか。たとえば、物を盗んでよいはずはありませんし、人を殺してもいけませんよね。自由という言葉を、社会の中で使う限り、それは「拘束」そのものを意味しています。その拘束に逆らうものは、もはや少しの自由も与えられることはないでしょう。学校という社会は自由の象徴です。しかし、だからといって、自分の好きな大学に行ったり、自分が好きな科目だけを学んだりすることは許されないのです。

当然ですが、人を他人と区別・差別することが必要になる局面も出て来ます。現代社会では、多くの場合テストの成績を使って、人を判断します。あくまでも「物差し」の一つとして使っています。

しかし、君たち学生だけでなく、学校の先生をはじめ多くの人々がすでに気づいているように、「成績が悪いこと＝ダメ人間」ということを意味しているわけではありません。プロ野球選手でもそうでしょう。ホームランの打てない人がダメな選手であるなんて決まっていないでしょう。ヒットが打てればよい、守備が上手ならよい、ボールのコントロールが抜群ならよい、キャッチャーとしてピッチャーをうまくリードできさえすればよい、などなど、選手の善し悪しを判断する基準はいろいろあるはずです。

いずれにしても何らかの形で「善し悪し」が判断されるのが、自由社会なのです。それは「自由」の裏返しの現象なのです。長い目で見れば、テストの成績だけで自分が判断されることはありませんから、ふてくされることなく勉学に励んでみてはいかがでしょうか。テストの日はわざと休んだり白紙で出したりしても、自分にはなんの得にもならないですよ。それはただの自己満足にすぎません。間違った正義感に燃えているだけの、取るに足らない行為です。あなたが感じている社会矛盾に対して「抵抗」にすらなっていません。

人間は自己の運命を創造するのであって、これを迎えるものではない。
ヴィルマン（教育学者）

むしろ、成績が悪くても与えられた課題に対して精一杯努力する方が、将来の自分にとってプラスになると思います。実際にあなたも指摘しているように、テストがなければ自分の弱点や長所が見えないという点は、テストの重要な恩恵の一つですよね。

5—9 なぜ努力の継続が必要なのか

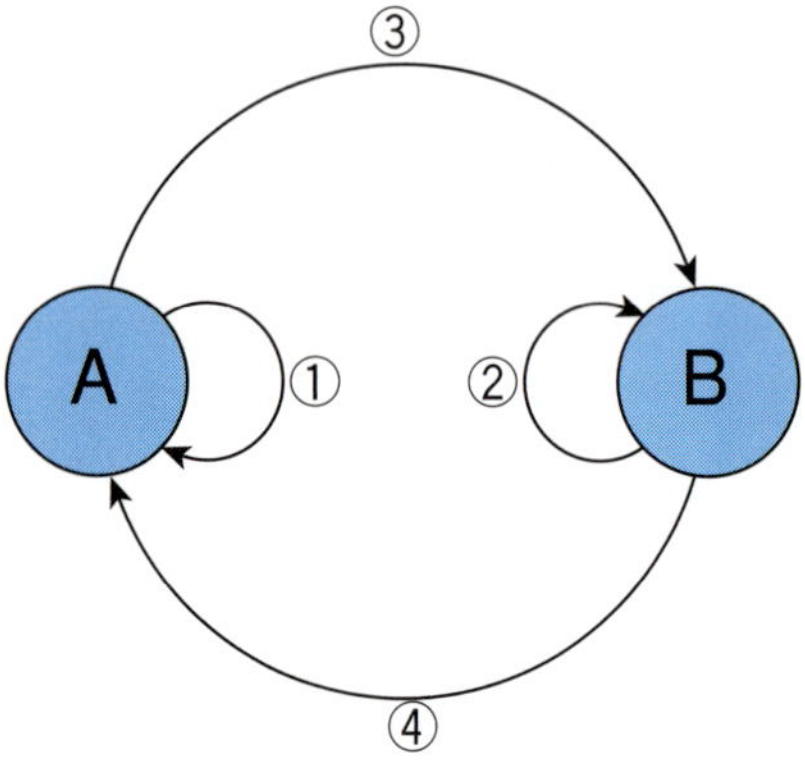

$2^2=4$

最後に、魔法の記憶「方法記憶」について、もう少し説明をします。なぜ人は天才になれるのかという究極の問題についてです。

まずは、今までこの本で習ったことの復習から入ります。今、皆さんはAというものごとを覚えたと仮定しましょう。このとき同時に、Aというものごとの「理解の仕方（方法記憶）」も、皆さんが気づかないうちに脳に保存されましたね。だから、新たにBというものごとを覚えようとしたときには、先のAの方法記憶が無意識のうちにBの理解を補助して、より簡単にBを記憶できるようになったのでした。これは「学習の転移」と呼ばれる効果でしたね。あたり前ですが、このとき同時にBの方法記憶もまた自動的に記憶されています。

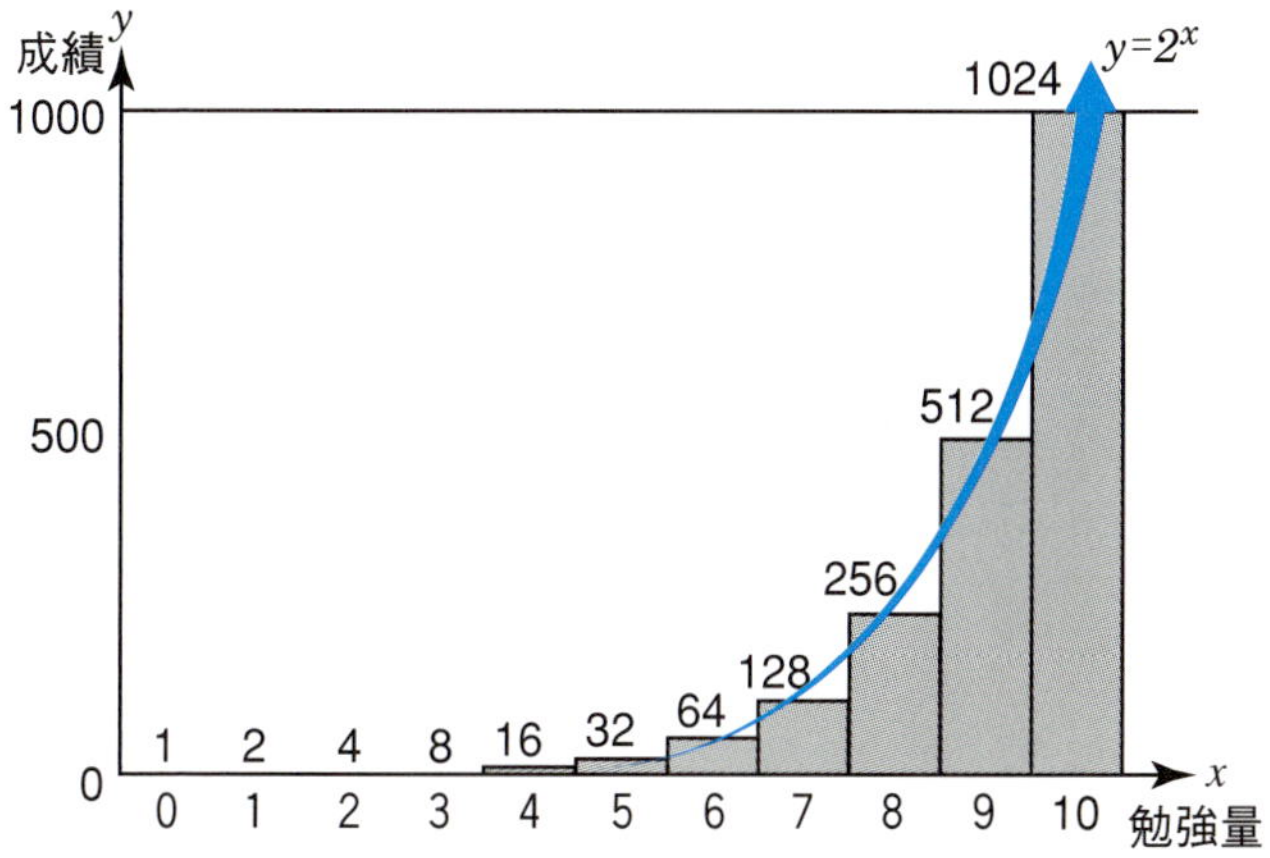

しかし、脳で起こる現象はそれだけなのでしょうか。

そんなことはありません。じつは、あとから覚えた方のBの方法記憶が、すでに習得したAの理解をさらに深めてくれるのです。つまり、AとBの二つのものごとを覚えると、「A」、「B」、「Aから見たB」、「Bから見たA」というように、「ものごと」と「ものごとの連合」という全部で四つの効果が生まれるのです。「家」と「道路」のようなものです。この道路の建設によって、脳に保存された内容がたった二つであっても、四つもの効果が生まれるわけです。二の二乗ですね。

このようにして、次々に新しいものごとを覚えていくと、その効果は等比級数的に増えていくことが分かります。実際に、一般的に学習の転移には「べき乗の効果」があることが知られています。つまり、勉強量と成績の関係は、単純な比例関係ではなく、むしろ幾何算的な急カーブを描いて上昇するというわけです。1、2、4、8、16…のように成績が伸びるのです。

これがどういうことか実感してもらうために、たとえば皆さんは今、成績が1のスタート地点にいるとします。そして、勉強の目標成績を1000に定めましょう。

さて、皆さんはこれから猛勉強をしていきます。まず勉強してレベルアップすると成績が2になります。さらに猛勉強を続けて、もう一ランク上がると、こんどは成績が4になりますね。こうして努力をして続けていくと、成績は8、16、32と累積的な効果が現れてきます。

しかし、ふと振り返ってみると、こんなに努力したにもかかわらず、現在の成績はいまだにたった32でしかありません。目標の1000にくらべれば、スタートの成績からほとんど上昇していないに等しい成績です。

おそらく皆さんの多くは、この時点で「なぜこんなに猛勉強をしても成績が上がらないのか」「私は才能がないんだろうか」とマジに悩んでしまうことでしょう。

もし1000の成績をもった周囲の人を見ると、「とてもかなわないな。ああいう人を天才というのだろう」と思うはずです。ほとんどの人は、この時点で自分の才能の低さにがっかりして、勉強を投げ出してしまうのです。

しかし、それは才能がないからではありません。なぜなら、忍耐強く勉強を繰り返せばその後、成績は64、128、256、512とみるみる上昇していくからです。

じつは、ここまで血のにじむような努力をして、はじめて勉強の効果が目に見えて確認できるようになるのです。これが勉強と成績の関係の本質です。残念ながら、勉強の成果はすぐには現われません。**脳力はあるときになって突然爆発するかのように現われる**のです。

実際に、ここまでたどり着けた人であれば、あと一息の努力で成績が１０２４となり、目標に到達できます。学習レベル５のときには32（2^{5}）だったのに、レベル10になれば一気に１０２４（2^{10}）にも達するのです。さらに、あと少しの努力をすれば、成績を２０４８に伸ばすことさえも可能ですね。このままのペースで学習レベル20までいけば、2^{20}＝１０４８５７６ですから、なんと一〇〇万を超えてしまいます。

そして、成績一〇〇万に到達した人は、さんざん努力してようやく32にまでたどり着いた人から見れば、まさに大天才のように見えるのです。これこそが勉強の相乗効果の実体なのです。ただし肝心なことは、成績１０００を超えた天才同士の差はとても広いということです。１０２４と２０４８の差は、ランクとしてはひとつしか違いませんが（2^{10}と2^{11}）、実質上の成績の差は、成績30前後でくすぶっている人から見ると推し量れないほど広いわけです。きっと天才達は天才なりの悩みを抱えているのでしょうね。

勉強を続けていると、目の前の霧が急に晴れたように視界が開けて、「ああ！分かった！」と感じる瞬間があるでしょう。ある種の「悟り」に似た心境でしょうか。こうした現象はまさに勉強と成果の関係がべき乗の関係にあることを物語っています。「雲や嵐なしでは、いかなる虹もあり得ない」という作家ヴィンセントの言葉は、勉学の核心を見事に突いています。血の滲むような努力を続けてこそ報われるわけです。

そうなのです。「努力の継続」こそが、もっとも大切な勉学の心得なのです。なかなか結果が現われないからといって、すぐにあきらめてはいけません。もちろん周囲の天才たちを見て落ち込む必要もありません。彼らと自分の能力を単純にくらべることはほとんど無意味です。努力と成果は比例関係にあるのではなく、等比級数の関係にあるのですから。

自分は自分。今は差があっても、努力を続けていれば必ず成果が現われます。「嵐の前の静けさ」と「驚異の爆発」という成長パターンを示すのが「脳」の性質なのです。たとえ効果が目に見えていなくても、使えば使った分だけ着実に基礎能力はたくわえられています。

実際には、勉強を開始してから効果が現われ始めるまでに、どんなに早くても三カ月はかかります。たとえば、夏休みを前に意気込みを新たにして、周囲の友人達が遊んで楽しく過ごしている七、八月に、来る日も来る日も猛勉強を続けたとします。そして、九月の実力テスト。本人は「これだけ勉強したのだから、きっと絶大な効果が現われるだろう」と自分の能力に強く期待することでしょう。しかし、実際の点数は夏休み前とさほど変わらないはずです。おそらく当人はひどく落ち込んでしまうでしょう。やる気をなくしてしまっても仕方ありません。しかし、脳の性質を知っている皆さんなら、むしろ「たった二カ月で効果が出る方がおかしい」と感じるでしょう。

そして、さらに努力を続けられるはずです。
　夏休みの勉強の効果が現われ始めるのは、早くても秋以降だと思ってください。翌年二月に受験を控えている場合には、間に合うか間に合わないかといったギリギリの最終ラインでしょう。ですから、十分な勉強の効果を得たいのならば、やはり最終目標の一年以上前から勉強を始めなければなりません。長期的な計画性が肝心です。そして、ひたむきな努力です。すぐに効果が出ないからといってクジけてはいけません。ときに勉強がつらくなったら、「脳の機能はべき乗効果である」という事実を思い出して自分を鼓舞してください。いつかきっと効果が現われるから、もっとガンバろう、と。

夢をもちつづけていれば、いつか必ずそれを実現する時が来る。

ゲーテ（作家）

体験談

現役は直前に急激に伸びる

入試がひたひたと近づく気がして来るのに、志望校の過去問を解いても解けないときは焦りまくる。先生は、「現役生は入試の直前に急激に伸びる」と言うけど、単なる気休めなのか。時間と実力の関係が、傾きの低い1次関数では入試のXデーまでには合格最低ラインを超えそうにない。

2次関数か指数関数でないと…。それどころか、$y=a$ のグラフのような気がしてやる気がわかない。そうすると、傾きがマイナスの1次関数になったり、底が1より小さい指数関数になってしまうのか!!（高3・青森）

著者からのコメント

先生の言うとおり現役生は入試の直前に急激に伸びます。しかし、勉強しなければその効果は絶対に現われませんから注意してください。本文にも書いたように、勉強とその効果の関係は指数関数的になっています。ですから、いまの時間と実力の関係の「傾き（微分係数）」から未来を予測して落ち込む必要はありません。かならずその予想値よりもよい成績が得られます。なぜなら、

$y=ax$ のときは

$y''=0$

$Y=A^x$のときは

$Y''=(\log A)^2A^x$

だから

$A>0$ ならば

つねに　$Y''>y''$

ですね。

ですから模試でD判定やE判定をとってもあきらめてはいけません。

ただし、能力が指数関数的だということは、裏を返せば本当の実力が出るまでには、それなりの時間が必要だと言うことになります。受験勉強は少しでも早めに始めるように心がけましょう。

人間は負けたら終わりなのではない。あきらめたら終わりなのだ。

ニクソン（元米大統領）

脳心理学コラム15

アセチルコリン

頭を良くするための薬は昔から人類の憧れでした。飲むだけで記憶力がアップする、そんな薬があったらどんなに楽でしょうか。

ＤＨＡをはじめとして、脳に効くさまざまな食品や薬が、古くから思案され試されてきました。しかし逆に、それほど色々あるということは、それだけ決め手に欠けるということなのです。皆さんもあまり薬品に頼り過ぎない方がよいと思います。

一方で、頭の働きを悪くしてしまう薬は意外なほど多くあります。たとえば、脳のアセチルコリンという物質の働きを抑えてしまう薬物です。アセチルコリンは、脳を活性化させて意識をハッキリさせたり、記憶力を高める働きをしています。

皆さんの味方であるはずのアセチルコリンの働きを妨げてしまう薬が、じつは皆さんの周りにはたくさん存在しています。たとえば、誰でも一度は飲んだことある「風邪薬」や「ゲリ止め」や「乗り物の酔い止め」などです。実際に、カゼ薬を飲むと頭がボーッとしたり眠くなったりしたことがあるでしょう。まさに脳のアセチルコリンが抑制された証拠です。ですから、テストのとき、風邪にかかっているわけでもないのに「念のため」などと薬を飲むと、悲惨な結果が待っているでしょう。

もちろん、副作用を気にしすぎて薬を飲まずに病気が悪化してしまっては本末転倒です。どんな薬にも副作用はあります。しかし、副作用をむやみに恐れるのではなく、むしろ副作用についてよく理解し正しく薬を服用することが大切です。

どうしてもテスト前にカゼ薬やゲリ止めを飲まなくてはならなくなったときには、アセチルコリンを阻害する成分が含まれていない薬もありますから、こうした薬を選べば安心してテストを受けることができるでしょう。薬局の薬剤師に「この薬には脳のアセチルコリンを抑制してしまう成分が含まれていますか？」と聞けば親切に教えてくれるはずです。

ちなみに、アセチルコリンの働きを邪魔する成分として有名なものに、「スコポラミン$C_{17}H_{21}O_4N$」「ジフェンヒドラミン$C_{17}H_{21}ON$」などがあります。手持ちの薬をチェックしてみて下さい。

おわりに

この本をここまで読んできた人ならば、脳科学を知ることで効率的な勉強法を見つけ出すことができることを実感したと思います。「ああ、こうすれば良かったのか」と感じた人もいると思いますし、自分の体験上いいと感じていた勉強方法に科学的な裏づけがあることを知って「今までの方法は間違っていなかった」と自信を深めた人もいるかもしれません。いずれにしても、この本を通じて何かを感じとってもらえたのならば、私としては大成功です。そして、この本のおしまいに、私から最後のメッセージを皆さんに送ります。

学生である皆さんは、毎日が勉強の繰り返しであることと思います。勉強そのものが生活の中心であるといって過言ではないでしょう。そんなときふと疑問に思うことはありませんか。「こんな勉強が将来何の役に立つのだろうか」と。

古文の文法や微分積分法など覚えたところで、自分の人生においてどれほどの意味があるのでしょうか。こう疑問に感じてしまっても不思議ではありません。実際に、私自身も日常生活において連立方程式すら使ったことがありません。連立方程式など知らなくてもふつうに暮らしていけます。

世の中には受験という制度があるから、勉強しなければならないのは仕方がないと思っている人も多いかもしれません。大学には人数制限がありますから、何らかの基準で生徒を区別しなければなりません。そのための判断基準の一つとして、テストの成績を指標に使っている。だから、勉強は避けて通ることはできない、と。たしかに、学校の勉強にそうした側面があるのは否めません。

しかし、それだけでしょうか。

この本を読んだ皆さんなら、こうした考え方がいかに視野が狭い浅薄な意見かを説明することができるでしょう。そうです！　学校の勉強で学ぶものは「知識記憶」だけではないのです。勉強をするということは「方法記憶」も同時に習得しているのです。

方法記憶は、天才的な能力をつくりあげる魔法の記憶です。すべてのものごとの見通しをよくして、総合的な理解力、判断力、応用力を高めることのできる記憶です。

たしかに、学校で習う知識記憶は、社会に出てから役に立たないものの方が多いかもしれません。しかし、その時に学んだ方法記憶は、皆さんの今後の人生のさまざまな局面で大きな助けになることでしょう。社会、家庭、娯楽、仕事、人間関係、こうした多様な側面をもった自分の人生を、より豊かにする湧泉こそ方法記憶なのです。

もちろん、方法記憶は学校の勉強以外によっても習得できます。しかし、皆さんにはあまり実感がないかもしれませんが、小学生から高校生にいたる一連の学校のカリキュラムは非常にうまく計画されています。こうした学習スケジュールは、一朝一夕にできたものではありません。教育文化の長い歴史にもまれ、じっくりと練られてでき上がってきたものなのです。ですから、方法記憶に関しても、ゲームや遊びを通して習得するよりも学校の勉強を通して学んだ方がはるかに効率よく習得できます。

自転車の乗り方を覚えるときに、何度も何度も繰り返し練習することが必要だったことを思い出してもらえれば分かるように、方法記憶の習得の過程で絶対に欠かせないものは「繰り返す努力」と「めげない根気」です。そのかわり努力と根気をもってことにのぞめば、能力は「べき乗」

の関数で伸びてゆきます。こうした効果は誰の脳にでも約束されています。優秀な人にだけ起こることではありません。

そもそも、できる人とできない人の差は、勉強をする時のちょっとした意欲の差なのです。皆さんもより上のレベルを目指すのであれば、劣等感やうぬぼれを排除し、今の自分の姿をしっかりと見据えて、自分が何をすべきなのかをはっきりと把握してください。特に、勉強に関しては、きちんと努力すれば裏切られることは決してありません。賭けごととは違うのです。成果が約束されているのです。勉強すればするほど、それが事実であると実感するでしょう。

私は、学生時代に多くの時間を勉強に割いてきたつもりです。しかし、現在の私はそれでも「あの時、もっともっと勉強しておくのだった」と後悔することも多いです。皆さんも将来私のように後悔しないよう、勉強に励んでほしいと思います。

学習は勉強する時間の長さが重要なのではありません。大切なことは勉強の仕方です。効率よく勉強して成果をあげ、余った時間はほかのことに使いましょう。遊び、趣味、自己研鑽、何でもいいです。うまく時間を使って、今の時期の皆さんにしかできない、彩りのある学生生活を送ってほしいと切に願っています。

ランプがまだ燃えているうちに、人生を楽しみたまえ、
しぼまないうちにバラの花を摘みたまえ。

スイスの詩人ウステリ

何でも聞いちゃえ 1

部活で疲れて、夜は眠くて机に向かっても勉強になりません。どうしたら両立のリズムが作れますか？

朝に起きて勉強するのはどうでしょう。朝は一日のリズムがリセットされますので、多少眠くてもがんばって早起きして、洗顔して、明るい光を浴びる。そして軽い運動。五分から一〇分もすれば脳は覚醒モードになります。そうすれば気持ちよく勉強ができるはずです。いきなりは大変でしょうから、まずはこうした習慣を身につけることから始めましょう。いずれにしても体には無理をさせないことです。でも、睡眠時間はできれば六時間くらいはとりましょうね。

朝寝は時間の出費である。しかも、これほど高価な出費はほかにない。

カーネギー（実業家）

何でも聞いちゃえ 2

ずーっと頭痛に悩んでいます。頭痛はなぜ起きるのですか？

日本人の三人に一人、女性に限ってみると半数近くが頭痛に悩まされているというデータがあります。

ご存じのように、頭が痛いからといって、それは「脳」自体の痛みではありません。脳そのものは痛みを感じないからです。大抵は体のどこかになんらかの原因があり、それが頭の神経を刺激して痛みを感じるわけです。人によっては肩こりも併発します。入浴で痛みがひどくなったり和らいだり、朝や夜のどちらかにだけ頭痛が起こったりもします。

頭痛の原因は幅広いです。遺伝であったり、チーズやチョコレートに含まれるチラミンが原因であったり、机に向かうときの姿勢が原因でなったりもします。もし原因が分かるようであれば、それを取り除く努力を、わからなければ医者に相談してみるのがよいでしょう。

また、解熱鎮痛薬（アスピリン、イブプロフェン、アミノピリンなど）をしばしば服用する人がいますが、飲み方さえ間違えなければ比較的安全な薬ですので、服薬で逃れるのも一つの手です。ただし、薬は痛みを抑えるだけで、頭痛の原因そのものを取り除いているわけではないので注意してください。

何でも聞いちゃえ 3

脳は酸素を大量に必要とすると聞きました。同じ姿勢で根つめてずーっとやっていると、頭がぼーっとして集中力がなくなって来るのですが…

軽く体を動かすリフレッシュ法がとても有効です。そのほか、音楽を数分ほど聴くのもよいでしょう。

せっかくですから、ここで効果的な「集中力」の高め方を紹介しましょう。はじめは三分くらいかかるかもしれませんが、慣れれば三〇秒もあればできるようになります。

まず、目を閉じてください。そして、とがった三角帽子をかぶっていることを想像してください。さらに、手のひらにはテニスボールくらいの大きさの白い玉が乗っていることを想像してください。そして、そのボールを軽く放りなげて、反対の手でキャッチします。それをまた放り投げて、元の手でキャッチします。これを数回繰り返したら、利き手で玉を三角帽子の頂点にそっと乗せてみてください。バランスとって落とさないように。うまく乗りましたか。そしたら、その白い玉を意識しながら、そっと目を開けてください。いまあなたの集中力は目前の勉強机に向かっているはずです。慣れたら、お手玉はせずに、いきなり玉を帽子に乗せてもＯＫです。

何でも聞いちゃえ 4

頭が疲れるのはどうも目から来るような気がするのですが、タダでできる疲労回復法はないですか?

知っていましたか。じつは、頭は疲れないのです。頭が疲れるより先に、ほとんどの場合は目が疲れるのではないでしょうか。頭が疲れるというのは単なる迷信なのです。もし脳が疲れてしまって活動をやめたら人は死んでしまいますから、一生働き続けても疲れないような仕組みになっているのです。

いずれにしても、目の疲労は、頭、首、肩そして腰などにまで広がっていくので早めに手を打たなければいけませんね。アメリカの指圧研究所ガク博士によれば、目の疲労回復には、目の内側の窪みを両方の親指で押し上げるように押すのが効果的だと言っています。まぶたの上から目を四〇℃程の温度で一五秒間温めるのもよい方法です。また、ビタミンＢ、Ｃ類が足りないと目が疲れやすくなりますので食事にも気をつけましょうね。

高校生の勉強法

2002年 4 月 1 日初版発行
2018年 1 月28日第26版発行

著　者●池谷裕二
発行者●永瀬昭幸
発行所　株式会社ナガセ
出版事業部　東京都武蔵野市吉祥寺南町1-29-2　〒180-0003
電話0422-70-7456　FAX 0422-70-7457

カバーデザイン●G&P
本文デザイン●G&P
本文イラスト●細田 美装
印刷・製本　シナノ印刷
ISBN978-4-89085-242-0　C 7037
©2002

落丁本・乱丁本は小社出版事業部宛にお送りください。
送料小社負担にておとり替えいたします。